Arbeitsheft mit interaktiven Übungen
Basis mit zusätzlicher Förderung

Herausgegeben von Dorothee Braun und Renate Teepe

Erarbeitet von
Ulrich Deters, Beate Hallmann, Sandra Heidmann-Weiß,
Michaela Krauß, Corinna Landmann, Ricarda Lohrsträter,
Mona Miethke-Frahm, Martin Püttschneider, Elisabeth Schäpers,
Isabel Tebarth, Barbara Wohlrab

 Deine interaktiven Übungen findest du hier:

1. Melde dich auf scook.de an.
2. Gib den unten stehenden Zugangscode in die Box ein.
3. Hab viel Spaß mit deinen interaktiven Übungen.

Dein Zugangscode auf
www.scook.de

Die Nutzungsdauer für die Online-Übungen beträgt nach Aktivierung des Zugangscodes zwei Jahre. In dieser Zeit speichern wir deine Lernstandsdaten für dich; nach Ablauf der Nutzungsdauer werden sie gelöscht.

zz8nh-byxru

**Neben diesem Arbeitsheft gibt es das Arbeitsheft Basis und Plus –
mit und ohne interaktive Übungen.**

Textquellen:
S. 35: Der Löwe und die Maus (nach Äsop). In: Hagelstange, Rudolf: Fabeln des Aesop. Ravensburger Buchverlag Otto Maier, Ravensburg 1966. **S. 36:** Der Frosch und der Ochse (nach Äsop). In: 12 Fabeln von Aesop, nacherzählt von Renate Raecke mit Bildern von Ayano Imai. Michael Neugebauer Edition, Bargteheide 2012, S. 41. **S. 38:** Der Storch und der Frosch (verkürzt und vereinfacht). https://gutenberg.spiegel.de/buch/fabeln-aus-deutschland-9637/6 [abgerufen am 30.04.2019]. **S. 42:** Das Pferd und der Esel (nach Äsop). In: Bertuch Verlag GmbH, Weimar; https://www.deutschland-lese.de/index.php?article_id=992 [abgerufen am 02.05.2019]. **S. 46:** Ringelnatz, Joachim: Der Stein. In: Ders.: Das Gesamtwerk in sieben Bänden. Gedichte, Band 1. Henssel Verlag, Berlin 1984. **S. 48:** Ringelnatz, Joachim: Das Samenkorn. A. a. O. **S. 52:** Guggenmos, Josef: Das große, kecke Zeitungsblatt. In: Gelberg, H.-J. (Hrsg.): Die Stadt der Kinder. Bittner Verlag, Recklinghausen 1969. **S. 56–57:** Greisbach, Michaela: Das Geheimnis von Bahnsteig 13 (Textauszüge, verkürzt und leicht verändert). Ein Leseprojekt zu dem gleichnamigen Roman von Eva Ibbotson. Cornelsen Verlag, Berlin 2007. **S. 58–60:** Ibbotson, Eva: Das Geheimnis von Bahnsteig 13 (Textauszüge, verkürzt und leicht verändert). dtv, München 2014. **S. 62–63:** Schlüter, Andreas: Level 4 – Die Stadt der Kinder. dtv-junior, München 2018 (25. Auflage), S. 18; leicht überarbeitete Neuauflage; 1998 dtv Verlagsgesellschaft mbH & Co. KG, München (© 2004 Arena Verlag GmbH, Würzburg)

Bildquellen:
S. 3: © NASA; **S. 6:** mauritius images/H. Schmidbauer; **S. 8:** stock.adobe.com/ver0nicka; **S. 12:** picture alliance/Helen Ahmad/dpa; **S. 26** (1): © NASA, (2): © NASA. **S. 28** (1): © NASA, (2): © NASA. **S. 29** (1): Bridgemanimages.com, (2): © NASA; **S. 31:** © NASA; **S. 32** (1): © NASA, (2): © NASA; **S. 62:** Cover zu: Andreas Schlüter: Level 4 – Die Stadt der Kinder. dtv-junior, München 2018 (25. Auflage), S. 18; leicht überarbeitete Neuauflage; 1998 dtv Verlagsgesellschaft GmbH & Co. KG, München (© 2004 Arena Verlag GmbH, Würzburg); **S. 70:** stock.adobe.com/dietwalther; **S. 78:** Shutterstock.com/klikkipetra; **S. 81:** stock.adobe.com/Natasha Owen; **S. 82:** Shutterstock/Anakumka; **S. 83:** mauritius images/Pacific Stock; **S. 84:** mauritius images/ZUMA Press/Alamy; **S. 97:** stock.adobe.com/Kisa_Markiza; **S. 100:** PantherMedia GmbH 2019/blueximages; **S. 104:** mauritius images/imageBROKER; **S. 110:** mauritius images/Vasa/Alamy

Illustrationen:
Raimo Bergt, Wanfried: S. 3, 25, 65–67, 69, 71–74, 76–77, 79–80, 85, 88–90; **Tobias Dahmen**, Utrecht: S. 3, 10, 13; **Alexandra Langenbeck**, Toronto: S. 3, 16–19, 21–22; **Barbara Schumann**, Schöneiche: S. 3, 36–38, 40, 42, 44; **Ulrike Selders**, Köln: S. 4, 91–95, 98, 102–103, 106, 108; **Dorina Tessmann**, Berlin: S. 3, 46–49, 51–52, 54, 56–60, 63

Impressum

Redaktion: Susanne El-Gindi, Sandra Wuttke-Baschek
Umschlaggestaltung: Rosendahl Berlin, Berlin
Layout, Grafik und technische Umsetzung: Klein & Halm Grafikdesign, Berlin

www.cornelsen.de

1. Auflage, 1. Druck 2019

Alle Drucke dieser Auflage sind inhaltlich unverändert und
können im Unterricht nebeneinander verwendet werden.

© 2019 Cornelsen Verlag GmbH, Berlin

Das Werk und seine Teile sind urheberrechtlich geschützt. Jede Nutzung in anderen
als den gesetzlich zugelassenen Fällen bedarf der vorherigen schriftlichen
Einwilligung des Verlages. Hinweis zu §§ 60a, 60b UrhG: Weder das Werk noch
seine Teile dürfen ohne eine solche Einwilligung an Schulen oder in Unterrichts- und
Lehrmedien (§ 60b Abs. 3 UrhG) vervielfältigt, insbesondere kopiert oder eingescannt,
verbreitet oder in ein Netzwerk eingestellt oder sonst öffentlich zugänglich
gemacht oder wiedergegeben werden. Dies gilt auch für Intranets von Schulen.

Druck: H. Heenemann, Berlin

1. Auflage, 1. Druck 2019
Arbeitsheft Basis mit zusätzlicher Förderung

ISBN 978-3-06-200030-0

1. Auflage, 1. Druck 2019
Arbeitsheft Basis mit zusätzlicher Förderung
mit interaktiven Übungen
ISBN 978-3-06-200046-1

Inhaltsverzeichnis

Eine Schule für alle – *schriftlich argumentieren*		5–14
Wissen kompakt		5
Ein Aquarium? – Meinungen erkennen und begründen		6
Ein Schulteich? – Meinungen begründen, einen Brief schreiben		8
Eine Wurmkiste? – Meinungen begründen, einen Brief schreiben		12
Ein Tag im Betrieb – *sachlich berichten*		15–24
Wissen kompakt		15
Ein Tag als Malerin und Lackiererin – sachlich berichten		16
Ein Tag als Tierpfleger – sachlich berichten		18
Ein Tag im Kfz-Betrieb – sachlich berichten		22
Reisen ins All – *Sachtexte lesen und verstehen*		25–34
Wissen kompakt		25
Schwerelos im Weltall – lesen mit dem Lese-Profi		26
Körperpflege im Weltall – lesen mit dem Lese-Profi		28
Essen im All – Sachtexte lesen und verstehen		32
Von Tieren und Menschen – *Fabeln lesen und verstehen*		35–44
Wissen kompakt		35
Der Frosch und der Ochse – eine Fabel lesen und verstehen		36
Der Storch und der Frosch – eine Fabel verstehen und eine Fabel schreiben		38
Das Pferd und der Esel – eine Fabel untersuchen und schreiben		42
Mit offenen Augen durch die Welt – *Gedichte lesen und verstehen*		45–54
Wissen kompakt		45
Der Stein – ein Gedicht erschließen		46
Das Samenkorn – ein Gedicht erschließen		48
Das große, kecke Zeitungsblatt – ein Gedicht erschließen und ergänzen		52
Fantastisch! – *Jugendbücher lesen und untersuchen*		55–64
Wissen kompakt		55
Die Hexe Lex – etwas über eine Hauptfigur lesen		56
Der Zauberer Cornelius – etwas über eine Hauptfigur lesen		58
Level 4 – Die Stadt der Kinder – einen Ausschnitt lesen und untersuchen		62
Grammatik		65–90
Die Wortarten		
Wortarten wiederholen: Nomen, Personalpronomen, Adjektive		65
Wortart wiederholen: Nomen und Adjektive		68
Wortart wiederholen: Adjektive und Personalpronomen		69
Verben im Präsens, Verben im Perfekt		70
Verben im Präteritum, Verben im Futur		72
Verben im Präsens, Verben in der Vergangenheit		74

3

Inhaltsverzeichnis

Wortbildung und Wortbedeutung

Zusammengesetzte Nomen	76
Zusammengesetzte Nomen	77
Zusammengesetzte Verben	78
Zusammengesetzte Wörter, Wortfamilien	79
Zusammengesetzte Verben, Wortfamilien	80

Die Satzglieder

Was tut? – Das Prädikat	81
Wer oder was? – Das Subjekt	82
Wen oder was? Das Akkusativ-Objekt	83
Die Satzglieder	84
Die Satzglieder – Prädikat, Subjekt und Objekte	85
Die Satzglieder – die adverbialen Bestimmungen	87

Satzarten und Satzzeichen

Satzarten und Satzzeichen	88
Satzgefüge: Sätze mit weil	89
Satzarten und Satzzeichen	90

Rechtschreiben 91–111

Meine Strategien / Meine Arbeitstechnik

Sprechen – hören – gliedern	91
Nomen verlängern	92
Wörter ableiten	93
Wörter verlängern und ableiten	94
Wortfamilien richtig schreiben	95
Fehler finden – der Rechtschreib-Check	96
Wortfamilien richtig schreiben	98
Fehler finden – der Rechtschreib-Check	99

Meine Trainingseinheiten

Zusammengesetzte Nomen, wörtliche Rede	100
Zusammengesetzte Nomen, wörtliche Rede	101
Verben werden zu Nomen, Komma bei Aufzählungen	102
Verben werden zu Nomen, Komma bei Aufzählungen	103
Wörter mit ie, Satzschlusszeichen	104
Adjektive werden zu Nomen, Komma bei dass	105
Wörter mit ver-, Komma bei als	106
Wörter mit ver-, er-, Komma bei als	107
Wörter mit Doppelkonsonanten, Komma bei wenn	108
Wörter mit Doppelkonsonanten, Komma bei wenn	109
Wörter mit ck, Komma bei Datumsangaben	110
Wörter mit ck und tz, Komma bei Datumsangaben	111
Wissen kompakt: Die Wortarten im Überblick	112

Wissen kompakt

Eine Schule für alle –
schriftlich argumentieren

In diesem Kapitel sage ich meine Meinung und begründe sie.
Außerdem schreibe ich einen Brief.

Meine Meinung sagen

Mit meiner Meinung sage ich, ob ich **für** oder **gegen** einen Vorschlag oder eine Sache bin.	*Ich bin für/gegen …* *Ich finde … gut/nicht gut/sinnvoll/unnötig.* *Ich meine, dass …*

Gründe (Argumente) für und gegen eine Sache sammeln

In einer Tabelle kann ich Gründe (Argumente) **für** oder **gegen** eine Sache notieren.	*dafür*	*dagegen*
	Wir können Tiere am Teich beobachten.	*Ein Teich ist gefährlich für Kinder.*

Meine Meinung begründen

Ich begründe meine Meinung, um andere zu überzeugen. Die Gründe kann ich mit **weil** und **denn** einleiten.	*Ich bin für einen Schulteich, **weil** wir dort Tiere beobachten können.* *Ich bin gegen einen Schulteich, **denn** es könnten kleine Kinder hineinfallen.*

Einen Brief schreiben

Ich beachte die Form eines Briefes:
die **Anrede**, den **Ort** und das **Datum**, den **Gruß** und die **Unterschrift**.

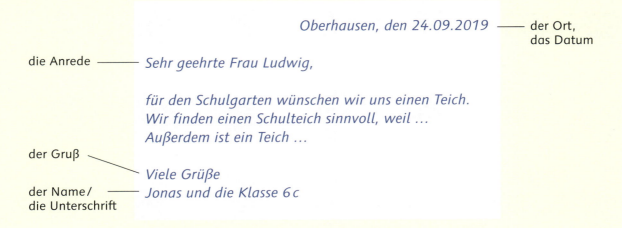

Ein Aquarium?   Seite 6
Ein Schulteich? Seite 8
Eine Wurmkiste? Seite 12

Schriftlich argumentieren

Ein Aquarium in der Pausenhalle? – Meinungen erkennen und begründen

Die Schule möchte ihre Pausenhalle neu gestalten.
Ein Vorschlag ist, ein Aquarium anzuschaffen.
Die Kinder der Klasse 6 b sagen ihre Meinungen dazu.

Ich bin gegen ein Aquarium, weil Fische langweilige Tiere sind.

Ich finde ein Aquarium gut, weil es die Pausenhalle verschönert.

Ich bin für ein Aquarium in der Pausenhalle.

Ich bin auch gegen ein Aquarium.

Ich bin für ein Aquarium, weil ich mich für Wasserpflanzen interessiere.

1 Die Kinder haben unterschiedliche Meinungen.
   a. Wer ist **für** ein Aquarium? Umkreise die Sprechblasen blau.
   b. Wer ist **gegen** ein Aquarium? Umkreise die Sprechblasen rot.

Einige Kinder begründen ihre Meinung. Sie nennen Gründe.

2 Markiere in den Sprechblasen die Gründe.

3 Schreibe die Meinungen mit den Gründen auf.

Ich bin gegen ein Aquarium, weil

6

Eine Schule für alle

Die Kinder nennen weitere Gründe für und gegen ein Aquarium.

4 Verbinde jede Meinung mit einem passenden Grund.
Tipp: Es gibt mehrere Möglichkeiten.

Meinung		Begründung
Ich bin für ein Aquarium,		weil ich gerne Fische beobachte.
Ich möchte ein Aquarium in der Pausenhalle,		weil sich in den Ferien keiner darum kümmern kann.
Ich finde ein Aquarium super,		weil es keiner sauber machen will.
Ich bin gegen ein Aquarium in der Pausenhalle,		weil wir einiges über Fische, Schnecken und Krebse lernen können.
Meiner Meinung nach ist ein Aquarium keine gute Idee,		weil die Fische krank werden können.
Ich finde ein Aquarium nicht gut,		weil Fische bei Stress und Hektik beruhigend wirken.

Wenn ich andere von meiner Meinung überzeugen will, brauche ich gute Gründe.

5 Stell dir vor, du bist **für** das Aquarium.
Welchen Grund findest du besonders überzeugend?
Wähle einen guten Grund aus den Aufgaben 3 und 4 aus.
Schreibe die Meinung mit dem Grund auf.

☐ *Ich bin für* _____

6 Stell dir vor, du bist **gegen** das Aquarium.
Welchen Grund findest du besonders überzeugend?
Wähle einen guten Grund **gegen** das Aquarium aus.
Schreibe die Meinung mit dem Grund auf.

☐ *Ich bin gegen* _____

7 Wie ist deine Meinung zu einem Aquarium in der Pausenhalle?
Kreuze oben den Satz an, der am besten zu deiner Meinung passt.

Schriftlich argumentieren

Ein Schulteich? – Meinungen begründen, einen Brief schreiben

Die Schulgarten-AG möchte hinter der Schule einen Teich anlegen.
Die Kinder der Klasse 6c sprechen über den Vorschlag.

1 **Alina:** Ich finde einen Teich im Schulgarten super.
2 **Caro:** Ich bin für einen Schulteich,
3 **weil** er Libellen und andere Insekten anlockt.
4 **Jonas:** Einen Schulteich finde ich überflüssig.
5 **Dominik:** Ich finde einen Schulteich gut,
6 **weil** er für alle Klassen interessant ist.
7 **Mike:** Ich meine, dass ein Schulteich
8 keine gute Idee ist.
9 **Emma:** Ich bin gegen einen Teich,
10 **weil** kleine Kinder hineinfallen könnten.

1 Die Kinder haben unterschiedliche Meinungen.
 a. Wer ist **für** einen Schulteich? Unterstreiche die Aussagen blau.
 b. Wer ist **gegen** einen Schulteich? Unterstreiche die Aussagen rot.

Einige Kinder begründen ihre Meinung. Sie nennen Gründe.

2 Markiere die Gründe.

3 Schreibe die Meinungen mit den Gründen auf.

Ich bin für einen Schulteich, weil

Eine Schule für alle

Die Kinder tauschen im Klassenchat weitere Gründe aus.

Ein Teich mit Wasserpflanzen verschönert unseren Schulgarten.

Wir können Frösche im Teich beobachten. Das macht Spaß.

Wahrscheinlich landet jede Menge Müll im Teich.

Es ist viel zu schwierig, einen Teich anzulegen.

Im Stadtpark gibt es einen schönen Teich. Deshalb brauchen wir keinen Schulteich.

Wir können Wasserproben entnehmen und im Biologieunterricht untersuchen.

4 Welche Gründe nennen die Kinder?
  a. Unterstreiche die Gründe **für** einen Schulteich blau.
  b. Unterstreiche die Gründe **gegen** einen Schulteich rot.

5 Überlege dir weitere Gründe **für** und **gegen** einen Schulteich. Schreibe sie auf.

für einen Schulteich	gegen einen Schulteich

Wenn ich andere von meiner Meinung überzeugen will, brauche ich gute Gründe.

 6 Stell dir vor, du bist **gegen** den Schulteich.
Welche Gründe findest du besonders überzeugend?
Wähle zwei gute Gründe aus den Aufgaben 3 bis 5 aus. Schreibe auf.

Ich bin gegen einen Schulteich, weil _____

Außerdem finde ich einen Teich nicht gut, _____

9

Schriftlich argumentieren

7 Stell dir vor, du bist **für** den Schulteich.
Welche Gründe findest du besonders überzeugend?
Wähle zwei gute Gründe von den Seiten 8 und 9 aus. Schreibe auf.

Ich bin für einen Teich, weil

Außerdem finde ich einen Schulteich gut,

**Die meisten Kinder der Klasse 6c sind für einen Schulteich.
Aber Emma ist noch nicht überzeugt.**

Und was ist, wenn ein Kind in den Teich fällt?

Emma hat recht. Das wäre schlimm.

Man könnte doch … Dann kann kein Kind hineinfallen.

8 **a.** Welches Problem nennt Emma? Markiere es in der Sprechblase.
b. Wie könnte man das Problem lösen?
  Schreibe einen oder zwei Vorschläge auf.

10

Die Klasse 6c schreibt dem Leiter der Schulgarten-AG einen Brief.

 9 Ergänze den Brief an den AG-Leiter.
— Schreibe den **Ort**, das **Datum** und die **Anrede** auf. ▶ Wissen kompakt, S. 5
— Verwende zwei gute Gründe für einen Schulteich.
— Schreibe einen Vorschlag zur Lösung des Problems auf.
— Schreibe einen **Gruß** ans Ende.

_____
(Ort und Datum)

_____ Herr Schöller!
(Lieber / Sehr geehrter)

In der Klasse haben wir über einen Schulteich diskutiert.
Wir wünschen uns, dass im Schulgarten ein Teich angelegt wird.

Wir sind für einen Schulteich, weil _____
_____
_____

Außerdem finden wir _____
_____
_____

Aber einige Schüler machen sich Sorgen, dass vielleicht ein Kind
in den Teich fallen könnte.

Unser Vorschlag ist: _____
_____
_____

Wir würden uns freuen, wenn wir Sie überzeugen konnten.

_____
(Viele Grüße / Mit freundlichen Grüßen)

Ihre Klasse 6 c

Schriftlich argumentieren

Eine Wurmkiste? – Meinungen begründen, einen Brief schreiben

Die Kinder der Schulgarten-AG planen eine Projektwoche. Ein Vorschlag ist, eine Wurmkiste zu bauen. Die Kinder diskutieren über den Vorschlag.

Sarah: Ich bin für eine Wurmkiste. Es macht bestimmt Spaß, die Kiste zu bauen und die Würmer hineinzusetzen.
Ayla: Meiner Meinung nach ist eine Wurmkiste völlig überflüssig. Wir haben doch schon genug Arbeit mit
5 dem Garten. Ich möchte lieber Liegestühle bauen.
Edgar: Überflüssig ist eine Wurmkiste nicht, ganz im Gegenteil. Die Würmer liefern Komposterde, also Dünger für unsere Pflanzen. Ich finde die Idee gut.
Mia: Ich bin auch dafür, weil wir unseren Bioabfall dann wiederverwerten
10 können. Außerdem können alle Klassen etwas dazu beitragen, indem sie ihre Bioabfälle sammeln.
Chiara: Aber ob das auch klappt? Die Klassen schaffen es bestimmt nicht, den Würmern regelmäßig Futter zu bringen. Es dürfen auch keine falschen Abfälle in der Kiste landen, sonst verschimmelt die Erde.
15 Ich denke, dass eine Wurmkiste für die Schule keine so gute Idee ist.
Berkan: Ich bin auch dagegen, denn Biomüll und Würmer sind unhygienisch.
Jonas: Wir könnten doch Flyer mit den wichtigsten Infos an alle Klassen verteilen. Ich wünsche mir übrigens eine Wurmkiste mit Fenster, damit wir die Würmer beobachten können.

1 Die Kinder äußern unterschiedliche Meinungen. ▶ Wissen kompakt, S. 5
Woran erkennst du die Meinungen der Kinder?
Markiere die Textstellen.

2 Wie begründen die Kinder ihre Meinungen?
 a. Unterstreiche die Argumente **für** eine Wurmkiste blau.
 b. Unterstreiche die Argumente **gegen** eine Wurmkiste rot.

Argumente werden oft mit weil, da oder denn eingeleitet.

3 Was spricht **für** und was **gegen** eine Wurmkiste im Schulgarten?
Schreibe zwei Begründungen auf. Leite die Argumente mit weil, da oder denn ein.
Tipp: Du kannst Argumente aus dem Gespräch oder eigene Argumente verwenden.

Ich bin für

Ich bin gegen

Eine Schule für alle

**Die meisten Kinder der Schulgarten-AG sind für eine Wurmkiste.
Um den Schulleiter und die anderen Schülerinnen und Schüler von der Idee
zu überzeugen, sammeln sie gute Argumente.**

4 a. Schreibe die Argumente der Kinder für eine Wurmkiste in die Tabelle.
b. Ergänze noch ein eigenes Argument dafür.

Argumente für die Wurmkiste	Wichtigkeit
– Es macht Spaß, die Kiste zu bauen und die Würmer hineinzusetzen.	

5 Welche Argumente findest du besonders überzeugend?
a. Markiere drei gute Argumente in der Tabelle.
b. Ordne sie nach Wichtigkeit: (1) am wichtigsten, (2) wichtig, (3) weniger wichtig.

6 Schreibe deine drei markierten Argumente geordnet auf.

Wir finden eine Wurmkiste gut, weil _____ .

Außerdem _____ .

Vor allem _____ .

**Chiara ist gegen eine Wurmkiste. Für ihre Gegen-Argumente wollen
die Kinder Lösungen finden.**

7 Welche Probleme nennt Chiara, die **gegen** eine Wurmkiste sprechen?
Schreibe die Probleme in Stichworten auf.

8 Wie könnte man diese Probleme lösen? Notiere deine Ideen in Stichworten.

Schriftlich argumentieren

**Die Schulgarten-AG hat abgestimmt und sich für die Wurmkiste entschieden.
Die Kinder wollen dem Schulleiter einen Brief schreiben.**

▶ Wissen kompakt, S. 5

9 Schreibe einen Brief an den Schulleiter Herrn Lenz.
    a. Schreibe **Ort** und **Datum** auf und wähle eine **Anrede** aus.
    b. Schreibe den **Vorschlag** auf und begründe ihn mit drei guten **Argumenten**.
       Nenne dein wichtigstes Argument zum Schluss.
    c. Erkläre, welches **Problem** es geben könnte und wie ihr es **lösen** wollt.
    d. Schreibe einen **Gruß** ans Ende und unterschreibe den Brief.

_____
(Ort und Datum)

_____ *Herr Lenz,*
(Lieber / Sehr geehrter)

Einleitung/Vorschlag: _____
_____

Argumente: _____
_____
_____
_____
_____

Problem: _____
_____

Lösungsvorschlag: _____
_____

Schlusssatz: _____
_____

_____
(Viele Grüße / Mit freundlichen Grüßen)
_____
(deine Unterschrift und die der Schulgarten-AG)

14

Wissen kompakt

Ein Tag im Betrieb – *sachlich berichten*

In diesem Kapitel berichte ich über einen Tag in einem Betrieb.

 Mit dem Schreib-Profi kann ich Texte planen, schreiben und überarbeiten.

Schritt 1: Vor dem Schreiben Ich plane meinen Text. Ich mache mir Notizen.	– Für wen schreibe ich? – Was will ich mit meinem Text erreichen? – Welche Wörter brauche ich?
Schritt 2: Beim Schreiben Ich schreibe und nutze Hilfen: – meine Notizen – eine Checkliste – ein Wörterbuch	– Was ist wichtig für meinen Text? – Wie schreibe ich meinen Text? – Was muss ich zuerst schreiben, was schreibe ich danach?
Schritt 3: Nach dem Schreiben Ich überprüfe meinen Text. Ich berichtige Fehler.	– Ist mein Text zu verstehen? – Habe ich an alles Wichtige gedacht? – Habe ich alles richtig geschrieben?

In einem Bericht informiere ich andere über ein Ereignis, zum Beispiel meinen Tag im Betrieb.

Ich schreibe im Präteritum (in der Vergangenheit): *nahm teil/war/begleitete/arbeitete*
Ich schreibe sachlich, ohne zu werten: *keine Gedanken oder Gefühle*
Ich mache genaue Angaben. Folgende W-Fragen helfen mir dabei:

Wann fand der Tag statt?	*vor zwei Tagen / am 24. April / letzte Woche / am Girls'Day / am Boys'Day / …*
Wo war ich an diesem Tag?	*im Zoo / in einem Kfz-Betrieb*
Was tat und erlebte ich der Reihe nach?	*am Morgen / zuerst / als Erstes / dann / danach / gegen Mittag / am Nachmittag / schließlich / kurz vor Feierabend / zuletzt*
Wie gefiel mir der Tag?	*Ich fand den Tag interessant / spannend / langweilig / …, weil …* *Besonders gut gefiel mir …*
Welche Folgen hat der Tag für mich?	*Ich kann mir vorstellen / nicht vorstellen, mein Praktikum in diesem Betrieb zu machen.*

Ein Tag als Malerin und Lackiererin — Seite 16
Ein Tag als Tierpfleger — Seite 18
Ein Tag im Kfz-Betrieb — Seite 22

Sachlich berichten

Ein Tag als Malerin und Lackiererin – sachlich berichten

Mariam war am Girls'Day mit dem Malermeister Herrn Demir unterwegs. Die Bilder zeigen, was Mariam erlebte und tat.

den Arbeitsplatz vorbereiten

1 a. Sieh dir Mariams Bilder genau an.
b. Lies die Wortgruppen.

die Tapeten zuschneiden | die Wände tapezieren | den Arbeitsplatz vorbereiten | die Tapeten einkleistern

c. Schreibe die Wortgruppen unter die passenden Bilder.

2 Welche Arbeitsmaterialien sind für die Arbeit von Mariam und Herrn Demir wichtig? Kreuze an.

☐ der Tapeziertisch   ☐ der Hammer   ☐ die Tapete
☐ die Tapezierbürste   ☐ die Leiter   ☐ das Elektrokabel

16

Ein Tag im Betrieb

**Mariam möchte von ihrem Tag für die Homepage der Schule berichten.
Sie schreibt den Bericht im Präteritum (Vergangenheit).**

3 Schreibe zu jedem Verb die passende Form im Präteritum auf.

vorbereiten – *wir bereiteten vor*

zuschneiden – _____

einkleistern – _____

tapezieren – _____

> er schnitt zu,
> ich kleisterte ein,
> wir tapezierten,
> wir bereiteten vor

4 Was taten Mariam und Herr Demir? Verbinde die Satzteile.

Zuerst bereiteten wir — mit der Bürste die Tapeten ein.

Dann schnitt Herr Demir — die Wände.

Danach kleisterte ich — den Arbeitsplatz vor.

Am Ende tapezierten wir — die Tapetenbahnen zu.

5 Ergänze Mariams Bericht.
Verwende die Sätze aus Aufgabe 4.

Ein Tag als Malerin und Lackiererin

*Meinen Girls'Day verbrachte ich mit dem Malermeister Herrn Demir.
Am Morgen fuhren wir zu einem Kunden. Es gab viel zu tun.*

_____

_____

_____

_____

*Der Tag hat mit gut gefallen. Im nächsten Jahr möchte ich noch einen
anderen Beruf kennenlernen.*

17

Sachlich berichten

Ein Tag als Tierpfleger – sachlich berichten

Alex interessiert sich für den Beruf des Tierpflegers.
Er begleitete am Boys'Day die Tierpflegerin Frau Goll im Zoo.
Die Bilder zeigen, was Alex erlebte und tat.

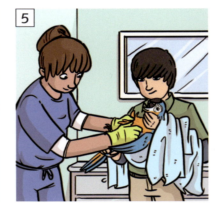

1 a. Sieh dir die Bilder genau an.
   b. Welche Wortgruppe passt zu welchem Bild?
   Schreibe die Nummern der Bilder auf.

   _2_ die Papageien füttern   ____ ein Spielzeug zusammenbauen

   ____ eine Feder aufsammeln   ____ den Boden harken

   ____ die Futternäpfe vorbereiten ____ der Tierärztin helfen

Alex möchte von seinem Tag für die Homepage der Schule berichten.
Du sollst für Alex berichten. Der Schreib-Profi hilft dir dabei.

Schritt 1: Vor dem Schreiben

2 Für wen soll der Bericht sein? Ergänze den Satz.

Ich berichte für _____ .

alle Schülerinnen und Schüler, die Homepage der Schule

Ein Tag im Betrieb

Alex berichtet in der richtigen Reihenfolge.

✏️ **3** Was macht Alex im Papageien-Haus der Reihe nach? Schreibe die Tätigkeiten in der richtigen Reihenfolge auf. Verwende die Wortgruppen aus Aufgabe 1.

1. *die Futternäpfe vorbereiten*
2. _____
3. _____
4. _____
5. _____
6. _____

Alex schreibt den Bericht im Präteritum (Vergangenheit).

✏️ **4** Bilde Sätze im Präteritum. Schreibe am Satzanfang groß.

1. *Ich bereitete die Futternäpfe vor.*
2. _____
3. _____
4. _____
5. _____
6. _____

ich baute …
 zusammen,
ich fütterte,
ich sammelte … auf,
ich half,
ich bereitete … vor,
ich harkte

Der Bericht soll sachlich und kurz sein. Er beschreibt das Wichtigste.

📖 *Um 7:00 Uhr begann meine Arbeit im Zoo.*
Die Tierpflegerin Frau Goll führte mich zu den Papageien.
Ich dachte: „Oh nein, langweilige Vögel!"
Als Erstes verteilte ich das Obst auf die Futternäpfe.
Die Kiwis sahen lecker aus. Dann fütterte ich die Papageien.

5 Zwei Sätze in Alex' Entwurf sind nicht sachlich. Streiche sie durch.

19

Sachlich berichten

Schritt 2: Beim Schreiben

Alex möchte in seinem Bericht die W-Fragen beantworten.

6 **Wann** fand der Boys'Day statt?
Wo war Alex?
Ergänze die Angaben.
Die Notizen am Rand helfen dir.

– 28.03.2019
– Zoo Neustadt
– Arbeitsbeginn: 7:00 Uhr

Am _____ nahm ich

am Boys'Day teil.

Ich war im _____.

Meine Arbeit begann um _____.

7 **Was** tat Alex an diesem Tag?
Arbeite mit der Satzschalttafel.
Markiere die Wortgruppen, die du verwenden möchtest.

| Ich | begleitete die Tierpflegerin Frau Goll
ging mit der Tierpflegerin Frau Goll | zu den Papageien.
zum Papageien-Haus. |

| Zuerst
Als Erstes | bereitete ich
bereiteten wir | die Futterschalen vor.
die Futternäpfe vor. |

| Dann
Nun | fütterte ich
verteilte ich das Futter an | die Vögel.
die Papageien. |

| Danach | harkte ich | den Boden
den Sand | im Papageien-Haus.
unter den Papageien. |

| Mittags
Um 12 Uhr | bastelte ich
baute ich | ein Spielzeug
eine Futterkette | für die klugen Vögel.
für die Papageien zusammen. |

| Anschließend
Später | half ich | der Tierärztin | bei einer Untersuchung.
beim Schneiden der Krallen. |

| Am Ende
Zum Schluss | sammelte ich
hob ich | eine schöne Feder
eine bunte Feder | vom Boden auf.
im Papageien-Haus auf. |

20

Ein Tag im Betrieb

Zum Schluss meint Alex:

*Die Arbeit war spannend.
Ich kümmere mich gerne um Tiere.
Die Leute waren nett.
Jetzt mag ich die klugen Papageien.*

8 **Wie** gefiel Alex der Tag im Zoo?
Schreibe einen Satz für den Schluss auf.
Tipp: Du kannst aus der Sprechblase auswählen.
Achte auf die Groß- und Kleinschreibung.

Mir gefiel der Tag sehr gut, denn _____

9 Wähle eine Überschrift für den Bericht aus.
Oder überlege dir eine eigene Überschrift.
Schreibe sie auf.

*Mein Arbeitstag im Zoo,
Ein Tag mit Papageien*

10 Schreibe Alex' Bericht in dein Heft.
– Schreibe die Überschrift auf.
– Schreibe den Anfang. (Aufgabe 6)
– Berichte über die Tätigkeiten. (Aufgabe 7)
– Schreibe einen Schluss. (Aufgabe 8)

Schritt 3: Nach dem Schreiben

11 **a.** Überprüfe den Bericht mithilfe der Checkliste.
   b. Überarbeite ihn, wenn nötig.

Checkliste: Sachlich berichten	Ja	Noch nicht
Ich habe die W-Fragen beantwortet: Wann? Wo? Was?	☐	☐
Ich habe der Reihe nach berichtet.	☐	☐
Ich habe im Präteritum (in der Vergangenheit) geschrieben.	☐	☐
Ich habe sachlich geschrieben, ohne zu werten.	☐	☐

21

Sachlich berichten

Ein Tag im Kfz-Betrieb – sachlich berichten

Jette hat den Girls'Day in einem Kfz-Betrieb verbracht.
Sie ruft ihre Freundin Karla an und erzählt ihr, wie es war.

Jette: Hallo Karla, stell dir vor, ich habe heute im Kfz-Betrieb Löwe gearbeitet.
Karla: Ist ja krass. Du und Autos. Was hast du denn gemacht?
Jette: Mia, eine nette Auszubildende mit coolem Style, hat mir gleich einen gebrauchten Pkw gezeigt, der für den Verkauf gecheckt werden sollte.
5 Ich habe ihr geholfen, den Wagen zu kontrollieren und zu reinigen. Zuerst haben wir die Lichtanlage kontrolliert. Mia hat die Beleuchtung eingeschaltet und ich habe ihr gesagt, welche Lampen funzen und welche nicht. Dann hat Mia die Schrauben an den Rädern geprüft und festgezogen. Ich habe ihr dafür Werkzeug angereicht.
10 **Karla:** Da muss man sicher ziemlich viel Ahnung von Technik haben.
Jette: Ja. Das stimmt. Aber Mia hat es echt drauf. Wir haben eine kleine Probefahrt gemacht. Das Wetter war super! Dabei hat mir Mia alles Mögliche erzählt. Nachdem wir mittags in die Werkstatt zurückgekommen sind, habe ich den Pkw mit einem
15 Hochdruckreiniger von außen abgespritzt.
Karla: Und was hast du sonst noch gemacht?
Jette: Bei einem anderen Auto hat Mia mir gezeigt, wie man Scheibenreiniger in die Scheibenwaschanlage füllt. Das habe ich dann bei diesem Pkw alleine gemacht. Irgendwann habe ich
20 dann noch die Werkstatt gefegt. Das war voll staubig dort! Das war nicht mein Ding. Und plötzlich ist der Tag auch schon vorbei gewesen. Ich fand es klasse, in der Werkstatt zu helfen.
Karla: Du klingst ja wirklich ganz begeistert. Wir sehen uns dann morgen.

Jette möchte am nächsten Tag einen Bericht für die Schülerzeitung schreiben.

Schritt 1: Vor dem Schreiben ▶ Wissen kompakt, S. 15

1 Welche Tätigkeiten hat Jette in der Kfz-Werkstatt selbst ausgeführt?
  a. Lies den Text und sieh dir die Bilder an.
  b. Schreibe in Stichworten auf, was Jette gemacht hat. Ergänze dabei passende Zeitadverbien.

anschließend | danach | später | gegen Mittag | am Nachmittag | schließlich | zuletzt

zuerst

Ein Tag im Betrieb

Der Bericht soll sachlich sein.

2 a. Lies noch einmal, was Jette erzählt, und streiche alle Informationen, die nicht in einen Bericht gehören.
b. Formuliere die folgenden Stellen neu. Berichte sachlich.

Ich habe ihr gesagt, welche Lampen funzen und welche nicht.

Mia hat es echt drauf.

Das war voll staubig dort.

Ein Bericht wird im Präteritum geschrieben.

3 a. In Jettes Erzählung sind fünf Verben im Perfekt hervorgehoben. Schreibe die Verben links in die Tabelle.
b. Finde im Text drei weitere Verben und trage sie ebenfalls ein.
c. Schreibe nun die Verbformen im Präteritum in die Tabelle.

Verben im Perfekt	Verben im Präteritum
haben kontrolliert	*kontrollierten*

Die Sätze in einem Bericht sollen miteinander verknüpft werden, damit Zusammenhänge deutlich werden.

23

Sachlich berichten

4 Verbinde die Sätze mit einem passenden Verknüpfungswort.   *weil, sodass, da, damit*

Mia prüfte die Schrauben an den Rädern und zog sie fest. Ich reichte ihr dafür das Werkzeug.

Ich fegte die Werkstatt. Es war ganz schön staubig dort!

Schritt 2: Beim Schreiben

Du kannst nun für Jette über ihren Girls'Day berichten.

5 **Wann** fand der Girls'Day statt? **Wo** war Jette?
Schreibe den Anfang des Berichts in dein Heft.
Berichte in der Ich-Form.

vor drei Tagen, im März, im Rahmen des Girls'Day, am 28.03.2019

6 **Was** sah, lernte und machte Jette an diesem Tag?
Berichte. Verwende deine Ergebnisse aus den Aufgaben 1 bis 4.
Schreibe sachlich und im Präteritum.

7 **Wie** gefiel Jette der Tag in dem Kfz-Betrieb?
Welche Folgen hat der Tag für sie?
Formuliere ein oder zwei Sätze für den Schluss.

8 Schreibe eine passende Überschrift für den Bericht auf.

Schritt 3: Nach dem Schreiben

Du hast für Jette über ihren Tag berichtet. Nun kannst du deinen Text überarbeiten.

9 **a.** Überprüfe deinen Text mithilfe der Checkliste.
b. Überarbeite deinen Text.

Checkliste: Sachlich berichten	Ja	Noch nicht
Ich habe die **W-Fragen** beantwortet. Ich habe berichtet, – **wo** und **wann** der Girls'Day stattfand. – **wer** daran beteiligt war. – **was** der Reihe nach passierte. – **welche Folgen** der Tag hatte.	☐ ☐ ☐ ☐	☐ ☐ ☐ ☐
Ich habe in der richtigen Reihenfolge geschrieben und dazu die passenden Wörter und Wortgruppen benutzt.	☐	☐
Ich habe sachlich berichtet.	☐	☐
Ich habe im Präteritum geschrieben.	☐	☐
Ich habe eine passende Überschrift für den Bericht formuliert.	☐	☐

Wissen kompakt

Reisen ins All –
Sachtexte lesen und verstehen

 In diesem Kapitel lese ich einen Sachtext.
Der Lese-Profi hilft mir, einen Text zu lesen und zu verstehen.

Schritt 1: Vor dem Lesen Ich sehe mir die Bilder an. Ich lese die Überschrift.		– Welche Informationen geben mir die Bilder und die Überschrift? – Was weiß ich schon über das Thema?
Schritt 2: Beim ersten Lesen Ich sehe mir den ganzen Text an. Ich lese ihn einmal durch.		Was fällt mir auf? – blau gedruckte Wörter – Abschnitte – Zahlen
Schritt 3: Beim genauen Lesen Ich lese den Text genau.		– Welche Informationen erhalte ich in den Abschnitten? – Welche Wörter kenne ich nicht? – Kann ich die W-Fragen beantworten?
Schritt 4: Nach dem Lesen Ich arbeite mit dem Inhalt des Textes.		– Welche Informationen sind für mich wichtig? – Was soll ich mit den Informationen tun?

Nach dem Lesen arbeite ich mit dem Inhalt, zum Beispiel:
– Ich **fasse** die **Informationen** des Textes mit meinen Worten **zusammen**.
– Ich schreibe **Stichworte** heraus.
– Ich schreibe ein **Schild** mit wichtigen Informationen.
– Ich schreibe einen **informierenden Text**.

Info
Einige Merkmale eines Sachtextes helfen beim Lesen:
- **Bilder und Karten** verdeutlichen wichtige Informationen.
- Die **Überschrift** verrät das Thema des Textes.
- Die **Zwischenüberschriften** sagen, worum es in dem Abschnitt geht.
- Die **Abschnitte** enthalten Informationen, die zusammengehören.
- Die **Schlüsselwörter** sind wichtige Wörter (oft blau oder fett gedruckt). Sie enthalten wichtige Informationen.

Schwerelos im Weltall — Seite 26
Körperpflege im Weltall — Seite 28
Essen im All — Seite 32

Sachtexte lesen und verstehen

Schwerelos im Weltall – lesen mit dem Lese-Profi

Du liest einen Sachtext über die Astronauten auf der Raumstation ISS. Der Lese-Profi hilft dir beim Lesen und Verstehen des Sachtextes.

Schritt 1: Vor dem Lesen
Ich sehe mir die Bilder an. Ich lese die Überschrift.

1 Was siehst du unten auf den Bildern? Kreuze an.

☐ eine Toilette ☐ einen Raumanzug
☐ eine Dusche ☐ einen Schlafsack

2 Worum könnte es in dem Sachtext gehen?
Lies die Überschrift. Schreibe deine Vermutung auf.

In dem Sachtext geht es um

Schwerelos im Weltall

1 (1) Auf der Raumstation ISS* machen die Astronauten
2 dasselbe wie die Menschen auf der Erde.
3 Sie arbeiten, sie essen, sie schlafen, sie gehen zur Toilette.
4 Es gibt aber einen großen Unterschied:
5 Im Weltall herrscht Schwerelosigkeit.
6 Alles, was nicht befestigt ist, schwebt durch den Raum.

7 (2) Wegen der Schwerelosigkeit müssen sich
8 die Astronauten festschnallen, wenn sie schlafen wollen.
9 Ihre Schlafsäcke sind an den Wänden befestigt.
10 Ein Astronaut kann im Liegen oder im Stehen schlafen,
11 weil es in der Schwerelosigkeit kein oben und unten gibt.

12 (3) Auch der Toilettengang ist auf der Raumstation anders.
13 Die Astronauten schnallen sich mit Gurten fest, damit sie nicht
14 herumfliegen. Die Toilette ähnelt einer Campingtoilette.
15 Sie hat keine Wasserspülung. Alles wird abgesaugt und
16 in einem verschlossenen Behälter gesammelt.
17 Der Urin kann gereinigt und sogar zu Trinkwasser
18 aufbereitet werden.

*englisch für: International Space Station

Reisen ins All

Schritt 2: Beim ersten Lesen
Ich sehe mir den ganzen Text an. Ich lese ihn einmal durch.

3   Im Text sind wichtige Wörter (Schlüsselwörter) blau gedruckt.
    Schreibe die Schlüsselwörter aus den Abschnitten (2) und (3) auf.

(2) Schwerelosigkeit, _____

(3) Toilettengang, _____

Schritt 3: Beim genauen Lesen
Ich lese den Text genau: Satz für Satz und Abschnitt für Abschnitt.

4   Beantworte die W-Fragen zum Text mithilfe der Schlüsselwörter.
    a. Was bedeutet die Schwerelosigkeit für die Astronauten?
       Setze die passenden Wörter ein.

       Die Astronauten müssen sich beim Schlafen und

       auf der Toilette _____.   *herumfliegen,*
                                                        festschnallen
       Ohne eine Befestigung würden die Astronauten und alle Dinge

       auf der Raumstation _____.

    b. Wie funktioniert eine Toilette auf der Raumstation? Kreuze an.

       ☐ wie ein Föhn   ☐ wie ein Sauger   ☐ wie eine Dusche

Schritt 4: Nach dem Lesen
Ich arbeite mit dem Inhalt des Textes.

5   Was hat dich beim Lesen des Textes am meisten überrascht?
    Schreibe auf.

    Mich hat am meisten überrascht, dass _____

Sachtexte lesen und verstehen

Körperpflege im Weltall – lesen mit dem Lese-Profi

Du liest einen Sachtext über die Körperpflege auf der Raumstation ISS.
Der Lese-Profi hilft dir beim Lesen und Verstehen des Sachtextes.

Schritt 1: Vor dem Lesen
Ich sehe mir die Bilder an. Ich lese die Überschrift.

1 Welche Tätigkeiten siehst du auf den Bildern? Kreuze an.

☐ rasieren   ☐ Haare waschen   ☐ zur Toilette gehen

☐ Zähne putzen   ☐ Wäsche waschen   ☐ duschen

2 Worum könnte es in dem Sachtext gehen?
Lies die Überschrift. Schreibe deine Vermutung auf.

In dem Sachtext geht es um _____

Körperpflege im Weltall

(1) *Flüssigkeiten in der Schwerelosigkeit*

1 Im Weltall ist bei der Körperpflege vieles anders
2 als auf der Erde. Die Astronauten müssen ihr Wasser
3 sparsam verbrauchen, denn es wird extra von der Erde
4 zur Raumstation gebracht. Außerdem müssen sie
5 alle **Flüssigkeiten in verschlossenen Behältern** aufbewahren.
6 Sonst würde zum Beispiel Wasser als **Tröpfchen** im Raum
7 **herumschweben**. Der Grund dafür ist, dass auch Flüssigkeiten
8 im Weltall schwerelos sind.

(2) _____

9 Auf der Raumstation ISS* gibt es **keine Dusche**.
10 Die Astronauten reinigen ihre Körper **mit feuchten**
11 **Waschlappen**. Auch die Haare werden ohne Wasser
12 gewaschen. Die Astronauten nehmen **Trockenshampoo**.
13 Dies wird in die Haare gerieben und dann mit einem Handtuch
14 wieder entfernt. Die gebrauchten Handtücher und Lappen
15 werden nicht gewaschen, sondern mit dem Müll entsorgt.
16 Der ganze Müll kommt in einen Raumtransporter,
17 der auf dem Weg zur Erde verglüht.

* englisch für: International Space Station

Reisen ins All

(3) _____

18 Die Astronauten putzen sich natürlich auch die Zähne.
19 Sie verwenden meist essbare Zahnpasta.
20 Dabei brauchen sie nur ein paar Tropfen Wasser.
21 Beim Putzen muss der Mund möglichst geschlossen sein,
22 sonst schwebt die Zahnpasta aus dem Mund.
23 Zum Schluss schlucken die Astronauten den Zahnpasta-Schaum
24 herunter und wischen sich den Mund
25 mit einem feuchten Tuch ab.

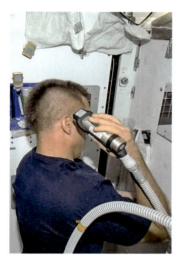

(4) _____

26 Beim Rasieren dürfen die Haare nicht in der Raumstation
27 herumfliegen, denn die Raumluft muss sauber sein.
28 Die Astronauten verwenden deshalb einen Rasierapparat
29 mit Absaug-Schlauch.
30 Dieser saugt die abgeschnittenen Haare sofort ab.
31 Wenn ein Astronaut sich nass rasieren will, befeuchtet er
32 sein Gesicht mit etwas Wasser. Dann cremt er das Gesicht
33 mit Rasiercreme ein. Die Barthaare bleiben beim Rasieren
34 in der Creme kleben. Dann kann der Astronaut die Haare
35 mit einem Tuch abwischen und das Tuch entsorgen.

Schritt 2: Beim ersten Lesen
Ich sehe mir den ganzen Text an. Ich lese ihn einmal durch.

 3 Der Text besteht aus mehreren Abschnitten.
Zähle die Abschnitte. Schreibe auf.

Der Sachtext Körperpflege im Weltall hat _____ Abschnitte.

4 Im Text sind einige Schlüsselwörter (wichtige Wörter) blau gedruckt.
Sie enthalten wichtige Informationen.
a. Lies die Schlüsselwörter in den Abschnitten (1) und (2).
b. Markiere in Abschnitt (3) folgende Schlüsselwörter.

*putzen sich Zähne | essbare Zahnpasta | Mund geschlossen |
schlucken Zahnpasta-Schaum herunter*

c. Welche Wörter sind in Abschnitt (4) wichtig?
Markiere in Abschnitt (4) die Schlüsselwörter.

29

Sachtexte lesen und verstehen

Schritt 3: Beim genauen Lesen
Ich lese den Text genau: Satz für Satz und Abschnitt für Abschnitt.

5 a. Lies den Text noch einmal Abschnitt für Abschnitt.
b. Schreibe eine passende Zwischenüberschrift über die Abschnitte.

*Flüssigkeiten in der Schwerelosigkeit | Zähne putzen im All |
Rasieren im All | Waschen fast ohne Wasser*

6 Welche deiner Vermutungen aus Aufgabe 2 haben sich bestätigt?
Schreibe auf.

In dem Sachtext geht es tatsächlich um

7 Beantworte die W-Fragen zum Text mithilfe der Schlüsselwörter.
a. Was weißt du über Flüssigkeiten auf einer Raumstation?
Kreuze die richtigen Aussagen an.

☐ Die Wassertropfen fallen zu Boden.
☐ Die Wassertropfen schweben wegen der Schwerelosigkeit herum.
☐ Alle Flüssigkeiten müssen in Behältern verschlossen werden.
☐ Die Astronauten dürfen keine Flüssigkeiten verwenden.

b. Wie erledigen die Astronauten ihre Körperpflege im Weltall?
Verbinde die Satzteile.
Tipp: Es gibt mehrere Möglichkeiten.

| Sie reinigen ihren Körper |
| Sie waschen ihre Haare |
| Sie putzen sich ihre Zähne |
| Sie rasieren sich |
| Sie waschen sich |

| mit essbarer Zahnpasta. |
| mit feuchten Waschlappen. |
| mit klebriger Rasiercreme. |
| ohne fließendes Wasser. |
| mit Trockenshampoo. |
| mit Rasierapparat und Absaug-Schlauch |

c. Was passiert mit den gebrauchten Waschlappen und Handtüchern? Ergänze.
Tipp: Lies noch einmal in Abschnitt 2 nach.

Gebrauchte Waschlappen und Handtücher werden

Reisen ins All

d. Wo landet der Zahnpasta-Schaum der Astronauten nach dem Zähneputzen? Ergänze den Satz.

Wir auf der Erde spucken den Zahnpasta-Schaum aus und spülen den Mund

mit Wasser. Aber auf der Raumstation im Weltall

e. Warum brauchen die Astronauten beim Rasieren einen Absaug-Schlauch? Erkläre.

Schritt 4: Nach dem Lesen
Ich arbeite mit dem Inhalt des Textes.

8 Was ist wichtig bei der Körperpflege im Weltall?
Schreibe ein Schild für die Pinnwand der Astronauten.
Schreibe Regeln auf. Finde auch eine Überschrift.

– Flüssigkeiten in verschlossenen Behältern aufbewahren

– Wasser

31

Sachtexte lesen und verstehen

Essen im All – Sachtexte lesen und verstehen

In dem folgenden Text erfährst du, wie sich Astronauten im All versorgen. Der Lese-Profi hilft dir beim Lesen und Verstehen des Textes.

Schritt 1: Vor dem Lesen
Ich sehe mir die Bilder an. Ich lese die Überschrift.

1 a. Sieh dir die Bilder an und lies die Überschrift.
b. Was könnte der Inhalt des Textes sein? Schreibe deine Vermutung auf.

Schritt 2: Beim ersten Lesen
Ich lese den Text einmal ganz durch.

2 Lies den Text einmal im Ganzen durch.
Was findest du interessant?

Eine einzigartige Weltraummission

(1) _____

Stell dir vor, du bist 400 km vom nächsten Supermarkt entfernt und bekommst Hunger. So ähnlich ergeht es den Astronauten, die sich auf **der Internationalen Raumstation (ISS)** aufhalten. Sie befinden sich **zwischen 330 und 435 km über der Erde** und müssen
5 natürlich auch essen und trinken. Daher müssen die Astronauten regelmäßig mit Nahrungsmitteln und anderen wichtigen Gütern versorgt werden. Transporter starten in regelmäßigen Abständen von ein paar Monaten von der Erde aus ins All, um Trinkwasser, Lebensmittel und andere Dinge zu bringen und um den Müll der Astronauten wieder mitzunehmen. Denn
10 auch das muss erledigt werden. Man hat errechnet, dass jeder Astronaut **ca. 15 Kilogramm an Gütern pro Tag** benötigt. Ein Teil davon sind Lebensmittel. Doch was essen Astronauten so weit entfernt von der Erde?

(2) _____

Die Zeiten sind vorbei, in denen Lebensmittelpaste in Tuben oder Happen in Würfelform zur Versorgung der Astronauten dienten.
15 Die **Nahrung im All** unterscheidet sich kaum noch von der Nahrung auf der Erde. Obst, Getränke, Milchprodukte oder andere Lebensmittel sind heute selbstverständlich, jedoch sind fast alle diese Lebensmittel **gefriergetrocknet**. Das bedeutet, dass ihnen auf

der Erde Wasser entzogen wurde. So sind sie leichter und kompakter für den
20 Transport und halten sich länger. Auf der Raumstation muss dann nur noch das
Wasser wieder hinzugegeben werden. Anschließend erhitzt man sie und hat ein
ähnliches Essen wie auf der Erde. Zum Besteck gehört auch immer eine Schere
zum Aufschneiden der Behälter, in denen sich das Essen befindet. Besonders
vorsichtig muss ein Astronaut sein, wenn er eine Suppe löffelt. Wenn er nicht
25 aufpasst, kann sie vom Löffel schweben. Speisen, die krümeln, sind verboten.
Die Krümel könnten Geräte verstopfen und die Elektronik beschädigen.

(3) _____

Für jeden Astronauten gibt es auf der Raumstation drei Mahlzeiten pro Tag
sowie einige Snacks für zwischendurch. Mittlerweile kann man aus über
100 verschiedenen Speisen wählen und es ist für jeden Geschmack etwas dabei.
30 Ein Problem ist, dass die Nahrung in der Schwerelosigkeit anders schmeckt als auf
der Erde. Sie muss viel stärker gewürzt werden. Aber ganz spontan eine Pizza oder
einen Hamburger zu essen, ist nicht möglich. Denn die Astronauten müssen ihre
Tagesmenüs auswählen, bevor sie ins All fliegen. Oft essen die Astronauten
gemeinsam oder laden sich gegenseitig ein.

3 Notiere drei Unterschiede zwischen der Nahrungsaufnahme im All und auf der Erde.

_____
_____
_____

Schritt 3: Beim genauen Lesen
Ich lese den Text genau: Satz für Satz und Abschnitt für Abschnitt.

4 Der Text ist in drei Abschnitte unterteilt. Wähle zu jedem Abschnitt eine passende Überschrift aus oder schreibe eine eigene auf die Linie über den Abschnitt.

Die Zubereitung der Nahrung | Die Nahrung der Astronauten | Die Versorgung der Raumstation

5 Schreibe zu jedem Abschnitt einen Satz auf.

Abschnitt 1, Zeilen 1–12:
_____

Abschnitt 2, Zeilen 13–26:
_____

Abschnitt 3, Zeilen 27–34:
_____

Sachtexte lesen und verstehen

6 Der Text enthält viele interessante Informationen.
   a. Beantworte die folgenden W-Fragen, um sie zu ermitteln.

— **Wie** weit ist die Raumstation von der Erde entfernt?

— **Wie** werden die Lebensmittel zur Raumstation gebracht?

— **Was** essen die Astronauten?

— **Welche** Besonderheiten gibt es für die Astronauten mit der Ernährung?

b. Stelle noch eine weitere W-Frage und beantworte sie.

7 Was bedeuten die folgenden Wörter?
   a. Finde die Wörter im Text und ergänze die genaue Zeilenangabe.
   b. Versuche, die Wörter aus dem Textzusammenhang zu erklären.

ISS (Zeile   ):

Transporter (Zeile   ):

gefriergetrocknet (Zeile   ):

Schritt 4: Nach dem Lesen
Ich arbeite mit dem Inhalt des Textes.

8 Deine Klasse erstellt eine Wandzeitung zum Thema „Leben im All". Du möchtest für diese Wandzeitung einen Beitrag zum Thema „Essen im All" verfassen.
   a. Schreibe einen eigenen kurzen Text mit den Informationen, die du über das Essen im All gesammelt hast. Schreibe den Text in dein Heft.
   b. Wähle ein interessantes Foto, das deine Informationen unterstützt.
   c. Überlege dir, wie du deinen Beitrag möglichst interessant und übersichtlich gestaltest.

9 Überarbeite deinen Text mithilfe folgender Fragen:
   — Enthält mein Text alle wichtigen Informationen über das Essen im All?
   — Habe ich eine interessante Überschrift gewählt?
   — Habe ich alle Wörter richtig geschrieben?
   — Habe ich ein interessantes Bild für meinen Beitrag gewählt?
   — Ist mein Beitrag übersichtlich und spannend gestaltet?

Wissen kompakt

Von Tieren und Menschen – *Fabeln lesen und verstehen*

In diesem Kapitel lese ich eine Fabel und schreibe eine eigene Fabel.

Fabeln sind kurze Geschichten, in denen Tiere die Hauptfiguren sind.
In Fabeln verhalten sich die Tiere wie Menschen.
Fabeln sollen uns zum Nachdenken anregen oder uns etwas erklären.
Manchmal steht am Ende der Fabel ein erklärender Satz: eine Lehre.

Fabeln haben meist folgenden Aufbau:

die Ausgangssituation	Zwei Tiere treffen aufeinander. Sie geraten in einen Streit oder haben einen Konflikt.
die Handlung und die Gegenhandlung	Ein Tier handelt und spricht. Das andere Tier reagiert darauf.
das Ergebnis	Der Streit oder Konflikt endet manchmal im Guten, manchmal aber auch im Schlechten.

Der Löwe und die Maus *(nach Äsop)*

1 Ein Löwe schlief. Da lief eine Maus über seinen Körper.
2 Der Löwe wachte auf und packte die Maus,
3 um sie zu fressen. — *die Ausgangssituation*

4 Die Maus bettelte: „Wenn du mich am Leben lässt,
5 werde ich es wiedergutmachen." Der Löwe lachte
6 und ließ die Maus laufen. — *die Handlung*

7 Bald darauf wurde der Löwe von Jägern gefangen.
8 Sie banden ihn mit einem Seil an einen Baum.
9 Die Maus hörte den Löwen stöhnen. Sie lief zu ihm und
10 nagte an dem Seil, bis sie ihn befreit hatte. — *die Gegenhandlung*

11 Die Maus sprach: „Damals hast du gelacht und nicht
12 erwartet, dass ich dir eines Tages helfen könnte."
13 Die Lehre: Auch der Schwächste kann einmal
14 dem Stärksten helfen. — *das Ergebnis*

Der Frosch und der Ochse — Seite 36
Der Storch und der Frosch — Seite 38
Das Pferd und der Esel — Seite 42

Fabeln lesen und verstehen

Der Frosch und der Ochse – eine Fabel lesen und verstehen

Du liest eine Fabel über einen Frosch, der einen großen Wunsch hat.

1 a. Sieh dir Bild 1 an und lies die Überschrift.
   b. Welche Adjektive passen zu den Tieren? Schreibe auf.

der Frosch: _____

der Ochse: _____

kräftig, zart, stark, klein, dick, dünn

2 Lies die Fabel.

Der Frosch und der Ochse *(nach Äsop)*

1 An einem Teich **hockten Frösche** und quakten.
2 In der Nähe war eine Wiese. Dort stand **ein Ochse** und fraß
3 den ganzen Tag Gras. Der Ochse war **groß und mächtig**.
4 Einer der Frösche beobachtete den Ochsen. Er ärgerte sich:
5 „Warum kann ich nicht **so groß sein wie der Ochse**?
6 Denn schließlich kann ich mich aufblasen!"

7 Der **Frosch pumpte sich mit Luft voll**.
8 Er fragte die anderen Frösche: „Bin ich so groß wie der Ochse?"
9 Die Frösche riefen: „Nein, du bist **nur ein kleiner Frosch**,
10 der zu viel Luft im Bauch hat!"
11 Da strengte sich der Frosch noch mehr an.
12 Er **blies sich weiter auf**. Er fragte noch einmal:
13 „Bin ich nun so groß und stark wie der Ochse?"
14 Die anderen **Frösche lachten ihn aus**: „Gib dir keine Mühe.
15 Auch wenn du aufgeblasen bist, erreichst du **niemals**
16 **die Größe eines Ochsen**."

17 Aber der Frosch wollte nicht aufgeben. Er blies sich
18 mit aller Kraft auf, bis er **mit einem lauten Knall platzte**.

In dieser Fabel ist der Frosch die Hauptfigur.

3 Welchen Wunsch hat der Frosch? Kreuze die richtige Aussage an.

☐ Er möchte den Ochsen in einem Wettkampf besiegen.
☐ Er möchte ein Ochse werden.
☐ Er möchte so groß und stark sein wie der Ochse.

Von Tieren und Menschen

Eine Fabel erzählt eine kurze Geschichte.

4   Beantworte die folgenden Fragen zu dieser Fabel.
    – Was macht der Frosch, um seinen Wunsch zu erfüllen?
    – Was geschieht am Ende mit dem Frosch?

    _____
    _____

In einer Fabel sprechen Tiere wie Menschen miteinander.

5   Was spricht der Frosch? Was sprechen die anderen Frösche?
    Markiere im Text mit zwei verschiedenen Farben.

In einer Fabel verhalten sich Tiere wie Menschen.

6   Wie verhalten sich die Frösche? Ergänze.

    Der Frosch beobachtet den Ochsen und _____.
    ärgert sich | schämt sich

    Er _____, dass er so groß wie ein Ochse werden kann.
    weiß | hofft

    Er bläst sich immer weiter auf, obwohl die anderen Frösche

    ihn _____.
    auslachen | beschimpfen

Fabeln sollen uns etwas erklären. Wir sollen etwas lernen.

7   Wie findest du das Verhalten des Frosches?
    Schreibe deine Meinung in einem Satz auf.

    Ich finde den Frosch _____, weil   *dickköpfig, mutig,*
    _____   *vernünftig,*
                                                          unvernünftig

8   Was können wir aus der Fabel lernen?
    Kreuze einen Satz an, der am besten zu deiner Meinung passt.

    ☐ Überschätze dich nicht!   ☐ Gib nicht auf!
    ☐ Bleib, wie du bist!   ☐ Übertreibe nicht!

Fabeln lesen und verstehen

Der Storch und der Frosch – eine Fabel verstehen und eine Fabel schreiben

Du liest eine Fabel über einen Frosch, der um sein Leben kämpft.

Der Storch und der Frosch

1 Ein Storch lief über eine feuchte Wiese
2 auf einen Tümpel* zu. Da sah er einen Frosch.
3 Der Frosch schnappte gerade nach einer Mücke.
4 Der Storch packte den Frosch mit seinem Schnabel.
5 Der Frosch wehrte sich. Er quakte wütend: „Warum willst
6 du mich umbringen? Ich habe dir doch gar nichts getan.
7 Lass mich los!"
8 Der Storch sprach ruhig: „Du hast recht, du hast mir kein Leid
9 zugefügt. Trotzdem werde ich dich verschlingen**."
10 Da klagte der Frosch jämmerlich: „Das ist ungerecht!
11 Bitte lass mich laufen."
12 Doch der Storch fragte selbstsicher: „Und was hat dir
13 die Mücke getan, die du verschluckt hast?
14 Warum hast du sie nicht verschont?"
15 Dem Frosch fiel keine Antwort ein.
16 Der Storch verschlang den Frosch. Dann lief der Storch weiter
17 und brummte zufrieden: „Das ist der Lauf der Welt.
18 Der Stärkere frisst den Schwächeren."

* der Tümpel: ein kleiner, flacher Teich
** verschlingen: fressen

1 Warum ist der Frosch wütend?
  a. Sieh dir die Bilder an. Lies die Fabel.
  b. Kreuze die richtige Begründung an.

Der Frosch ist wütend, ☐ weil er die Mücke nicht erwischt hat.
  ☐ weil der Storch ihn fressen will.
  ☐ weil der Storch klüger ist.

In einer Fabel sprechen Tiere miteinander.

2 Wie spricht der Frosch? Wie spricht der Storch?
  Markiere im Text mit zwei verschiedenen Farben.

Von Tieren und Menschen

In einer Fabel verhalten sich Tiere wie Menschen.

3 Wie verhält sich der Storch? Wie reagiert der Frosch?
Schreibe passende Adjektive auf.
Tipp: Du kannst auch Adjektive aus dem Text verwenden.

schlau, verzweifelt, herzlos, überheblich, ängstlich, ratlos

der Storch	der Frosch

Die Fabel erzählt eine kurze Geschichte.

4 Beantworte die folgenden Fragen zu dieser Fabel.
Die Wörter und Wortgruppen am Rand helfen dir.

a. **die Ausgangssituation:**
Wo begegnen sich der Storch und der Frosch?
Was hat der Frosch gerade gemacht?

auf der Wiese, hat … geschnappt

Storch und Frosch begegnen sich

b. **die Handlung und die Gegenhandlung:**
Was macht der Storch? Wie reagiert der Frosch darauf?

packt, bettelt um sein Leben

c. **das Ergebnis:**
Was geschieht am Ende?

frisst

Fabeln sollen zum Nachdenken anregen oder uns etwas erklären.

5 Der Frosch frisst die Mücke, der Storch frisst den Frosch.
Was könnte uns diese Fabel erklären? Kreuze einen Satz an, der für dich passt.

☐ Der Stärkere frisst den Schwächeren.   ☐ Die Welt ist ungerecht.
☐ Das Leben ist manchmal grausam.   ☐ Der Klügere gibt nach.

Fabeln lesen und verstehen

Du kannst zu den Bildern eine eigene Fabel planen und schreiben.

6 Von welchen Tieren handelt die Fabel? Sieh dir die Bilder an.

7 Beantworte die Fragen zu der Fabel in Stichworten.
Die Wörter und Wortgruppen am Rand helfen dir.

    a. die Ausgangssituation (Bild 1):
    Wie geht es dem Hasen am Anfang? Was macht er?

    es ist heiß, der Hase

heiß, läuft über ein Feld, hat Durst, sieht einen Brunnen

    b. die Handlung (Bild 2 und Bild 3):
    Was macht der Hase dann?

schaut in den …, springt hinunter, trinkt

    c. die Gegenhandlung (Bild 4):
    Was macht der Fuchs? Wie könnte der Hase reagieren?

spricht den Hasen an, ist ratlos …

8 Wie könnte deine Fabel enden? Kreuze an.

- [ ] Der Fuchs holt ein Seil, um den Hasen zu retten.
- [ ] Der Fuchs läuft davon und lässt den Hasen im Brunnen sitzen.
- [ ] Ich habe eine andere Idee.

Von Tieren und Menschen

9 Schreibe deine Fabel Der Hase und der Fuchs auf.
Schreibe in dein Heft.
– Schreibe zuerst die Überschrift auf.
– Du kannst für deine Fabel die Satzschalttafel nutzen.
  Du kannst auch eigene Sätze schreiben.

| Ein Hase lief | an einem schönen Sommertag an einem heißen Nachmittag | über ein Feld. |

| Er war sehr durstig, Er hatte großen Durst, | als er in der Ferne einen Brunnen sah. |

| Er lief Er rannte | eilig schnell | dorthin. zum Brunnen. |

| Unten im Brunnen Tief unten | konnte der Hase | eine Pfütze erkennen. das Wasser glitzern sehen. |

| Glücklich Erleichtert | sprang er hinunter, | um zu trinken. um seinen Durst zu stillen. |

| Nach einer Weile | erschien am Brunnenrand ein Fuchs. bemerkte der Hase einen Fuchs am Brunnenrand. |

| Der Fuchs | rief: lachte: | „Das war dumm von dir. Du hast nicht überlegt, wie du wieder aus dem Brunnen kommst." |

| Da Nun | fiel dem Hasen auf, erkannte der Hase, | dass er im Brunnen festsaß. |

| Der Fuchs verschwand und … |

10 Was könnte uns diese Fabel erklären?
a. Kreuze einen Satz an, der für dich am besten passt.

☐ Mache nichts, ohne über die Folgen nachzudenken.
☐ Bevor du etwas machst, hole dir einen Rat.
☐ Erst denken, dann handeln.

b. Schreibe den Satz unter deine Fabel.

11 Überprüfe deine Fabel mithilfe dieser Fragen:
– Sind meine Sätze vollständig?
– Habe ich im Präteritum (Vergangenheit) geschrieben?

41

Fabeln lesen und verstehen

Das Pferd und der Esel – eine Fabel untersuchen und schreiben

In dieser Fabel begegnen sich zwei ähnliche, aber doch unterschiedliche Tiere.

1 a. Sieh dir die Bilder an und lies die Überschrift.
b. Schreibe deine Vermutung zum Inhalt der Fabel auf. ▶ Der Lese-Profi, S. 25

Das Pferd und der Esel *nach Äsop*

Ein Kaufmann hatte schwere Lasten zu transportieren.
Er teilte sie auf und belud je zur Hälfte seinen Esel und sein Pferd.
Es war ein heißer Tag und bald begann der Esel unter dem Gewicht
zu stöhnen. Er sagte zum Pferd: „Du bist viel stärker als ich. Nimm mir
5 bitte etwas meiner Last ab, sonst schaffe ich den Weg nicht mehr
weiter." Das Pferd antwortete: „Das ist nicht mein Problem. Ich trage
nicht mehr."

Kurze Zeit später brach der Esel zusammen und starb.
Der Kaufmann wusste keine andere Lösung, als die Last des Esels
10 zusätzlich dem Pferd aufzubürden[1].
Er zog dem verstorbenen Esel noch das Fell ab und lud es ebenfalls auf
den Rücken des Pferds. So hatte er noch einen Vorteil von dem Tier.
Das Pferd war nun für den Rest des Weges mit an die Grenzen seiner
Kraft beladen. Zu spät erkannte es, dass es klüger gewesen wäre, dem
15 Esel einen kleinen Teil seiner Bürde[2] abzunehmen.

1 aufbürden: aufladen
2 die Bürde: die Last, das Gepäck

2 Beschreibe, in welcher Situation sich das Pferd und der Esel zu Beginn der Fabel befinden.

3 Wie endet die Fabel? Ergänze ein passendes Wort vom Rand.

Das Pferd _____, dem Esel nicht geholfen zu haben.

freut sich, ärgert sich, bedauert

4 Was könnte das Pferd denken, als der Esel zusammenbricht? Schreibe in der Ich-Form.

Von Tieren und Menschen

5 Wie verhalten sich die beiden Tiere?
Ordne jedem Tier passende Eigenschaften zu.
Du kannst Adjektive vom Rand verwenden oder eigene finden.

der Esel: _____

stark, schwach, hartherzig, stur, erschöpft, egoistisch

das Pferd: _____

6 Wie ist die Fabel aufgebaut?
a. Ordne folgenden Abschnitten Textstellen zu. Trage die Zeilenangaben ein.
b. Beantworte die Fragen zu den Abschnitten in Stichworten.

Die Ausgangssituation (Z. _1_ – _4_): Worin besteht das Problem?

_____
_____

Die Handlung (Z. ___ – ___): Was sagt oder um was bittet der Esel?

_____
_____
_____

Die Gegenhandlung (Z. ___ – ___): Was sagt oder was macht das Pferd?

_____
_____
_____

Das Ergebnis (Z. ___ – ___): Wie endet die Fabel?

_____
_____

7 Was kannst du aus der Fabel lernen?
Kreuze eine passende Lehre an.

☐ Wenn man rechtzeitig hilft, kann man oft Schaden abwenden.
☐ Wer zuletzt lacht, lacht am besten.
☐ Ein jeder trage des andern Last.

Fabeln lesen und verstehen

Nun kannst du eine eigene Fabel zum Thema „Gegenseitige Hilfe" planen und schreiben.

Wähle aus den beiden folgenden Aufgaben 8 1 oder 8 2 eine aus.

8 1   Schreibe eine Fabel mithilfe der Bilder.

8 2   Denke dir eine eigene Fabel zum Thema „Gegenseitige Hilfe" aus.

9   Notiere Stichworte zu den Abschnitten deiner Fabel.

Die Ausgangssituation: _____

_____

Die Handlung: _____

_____

Die Gegenhandlung: _____

_____

Das Ergebnis: _____

_____

10   Schreibe die Fabel in dein Heft. Verwende das Präteritum.

11   Überprüfe die Fabel mithilfe der Checkliste.

Checkliste: Eine Fabel schreiben

	Ja	Noch nicht
Ich habe Tiere mit unterschiedlichen Eigenschaften ausgewählt, die handeln und sprechen wie Menschen.	☐	☐
Ich habe die vier Abschnitte einer Fabel berücksichtigt: Ausgangssituation, Handlung, Gegenhandlung, Ergebnis.	☐	☐
Die Überschrift benennt die Tiere meiner Fabel.	☐	☐
Ich habe beim Schreiben das Präteritum verwendet.	☐	☐
Ich habe treffende Verben und Adjektive verwendet.	☐	☐
Ich habe wörtliche Rede verwendet.	☐	☐

Wissen kompakt

Mit offenen Augen durch die Welt – *Gedichte lesen und verstehen*

In diesem Kapitel lese ich ein Gedicht und untersuche es.

Ich untersuche den Inhalt des Gedichts.
- Was verrät mir die Überschrift?
- Was sagen mir die Bilder?
- Wer oder was wird beschrieben (eine Sache, ein Tier, ein Mensch …)?
- Worum geht es (um ein Erlebnis, um ein Gefühl, um die Natur …)?
- Gibt es eine Sprecherin oder einen Sprecher?

Ich untersuche die Form des Gedichts.
- Wie viele **Strophen** (Abschnitte) hat das Gedicht?
- Aus wie vielen **Versen** (Zeilen) bestehen die Strophen?
- Wie ist die Abfolge der Reime? Welche **Reimform** erkenne ich?

Reimformen

Der Paarreim Zwei aufeinanderfolgende Verse reimen sich.	Der Kreuzreim Die Reime sind über Kreuz angeordnet.	Der umarmende Reim Ein Paarreim wird umschlossen.
munter – a herunter – a rollte – b wollte – b	munter – a rollte – b herunter – a wollte – b	munter – a rollte – b wollte – b herunter – a

Ich untersuche die Sprache des Gedichts.
- Welche Besonderheiten hat die Sprache in dem Gedicht?
- Wie wirkt die Sprache auf mich?

Die Besonderheit	Das Beispiel	Die Wirkung
Die Personifikation: Eine Sache, ein Tier oder eine Pflanze wird wie ein Mensch dargestellt.	*Da sprach der Stein mit stolzer Miene.*	Ich kann mir das Gesagte gut vorstellen. Es wirkt lebendig und anschaulich.
Der Vergleich: Zwei verschiedene Dinge werden miteinander verknüpft.	*Da lag's* **wie** eine Flunder platt.* **gemeint ist das Zeitungsblatt*	

Der Stein — Seite 46
Das Samenkorn — Seite 48
Das große, kecke Zeitungsblatt — Seite 52

Gedichte lesen und verstehen

Der Stein – ein Gedicht erschließen

In diesem Gedicht von Joachim Ringelnatz steckt eine Geschichte.

Der Stein *Joachim Ringelnatz*

1 Ein kleines Steinchen rollte munter
2 Von einem hohen Berg herunter.

3 Und als es durch den Schnee so rollte,
4 Ward es viel größer, als es wollte.

5 Da sprach der Stein mit stolzer Miene:
6 „Jetzt bin ich eine Schneelawine."

7 Er riss im Rollen noch ein Haus
8 Und sieben große Bäume aus.

9 Dann rollte er ins Meer hinein,
10 Und dort versank der kleine Stein.

Worum geht es in dem Gedicht?

1 Wie heißt die Überschrift des Gedichts? Schreibe sie auf.

2 a. Sieh dir die Bilder an. Lies das Gedicht.
b. Wohin rollt der Stein? Markiere folgende Wortgruppen im Gedicht.

von einem hohen Berg | ins Meer | durch den Schnee

3 Welcher Satz passt zum Inhalt des Gedichts? Kreuze an.

☐ Der Stein freut sich, einmal groß und kraftvoll zu sein.
☐ Der Stein freut sich darauf, ins Meer zu rollen.

**Gedichte haben eine besondere Form.
Die Abschnitte heißen Strophen. Die Zeilen heißen Verse.**

4 Wie viele Strophen und Verse hat das Gedicht? Ergänze.

Das Gedicht Der Stein hat _____ Strophen.

Jede Strophe hat _____ Verse.

Mit offenen Augen durch die Welt

5 Welchen Weg nimmt der Stein? Wie verändert er sich dabei?
Verbinde jede Strophe mit einem passenden Satz.

1. Strophe   Der Stein wird groß wie eine Lawine.

2. Strophe   Der Stein rollt ins Meer und geht unter.

3. Strophe   Der Stein rollt einen Berg hinunter.

4. Strophe   Der Stein rollt durch den Schnee.

5. Strophe   Der Stein zerstört ein Haus und Bäume.

**Wenn eine Sache oder ein Tier wie ein Mensch dargestellt wird,
nennt man das Personifikation.**

6 In dem Gedicht wird der Stein **mit menschlichen Eigenschaften** dargestellt.
    a. Lies noch einmal die dritte Strophe.
    b. Markiere, **wie sich der Stein fühlt**.
    c. Schreibe in die Sprechblase, **was der Stein sagt**.

Verse enden oft mit Reimen. Reime sind Wörter, die ähnlich klingen.

7 Welche Wörter reimen sich?
    a. Lies das Gedicht einmal laut.
    b. Markiere die Reimwörter am Ende der Verse.

8 Wie wirkt das Gedicht auf dich?
Ergänze ein Adjektiv und kreuze eine Begründung an.
Du kannst auch eine eigene Begründung schreiben.

Das Gedicht wirkt auf mich _____,   *fröhlich, aufregend, traurig, lustig …*

☐ weil der kleine Stein so viel erlebt.

☐ weil der Stein am Ende im Meer versinkt.

☐ weil _____

47

Gedichte lesen und verstehen

Das Samenkorn – ein Gedicht erschließen

In diesem Gedicht von Joachim Ringelnatz steckt eine Geschichte.

Das Samenkorn *Joachim Ringelnatz*

1 Ein Samenkorn lag auf dem Rücken,
2 die Amsel wollte es zerpicken.

3 Aus Mitleid hat sie es verschont*
4 und wurde dafür reich belohnt.

* hier: nicht gefressen

5 Das Korn, das auf der Erde lag,
6 das wuchs und wuchs von Tag zu Tag.

7 Jetzt ist es schon ein hoher Baum
8 und trägt ein Nest aus weichem Flaum**.

** weiche, wärmende Federn von Jungvögeln

9 Die Amsel hat das Nest erbaut,
10 dort sitzt sie nun und zwitschert laut.

Worum geht es in dem Gedicht?

1 Wie heißt die Überschrift des Gedichts?
Schreibe sie auf.

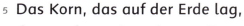

2 Wer oder was ist außerdem wichtig in dem Gedicht?
 a. Sieh dir die Bilder an. Lies das Gedicht.
 b. Schreibe Stichworte auf.

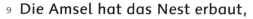

3 Welcher Satz passt zum Inhalt des Gedichts?
Kreuze an.

☐ Die Amsel ist enttäuscht, weil sie keine Körner zum Fressen findet.
☐ Die Amsel freut sich, dass sie ihr Nest in einem hohen Baum bauen kann.

Mit offenen Augen durch die Welt

**Gedichte haben eine besondere Form.
Die Abschnitte heißen Strophen. Die Zeilen heißen Verse.**

4 Wie viele Strophen und Verse hat das Gedicht? Ergänze.

Das Gedicht Das Samenkorn hat _____.

Jede Strophe hat _____.

5 Was erfährst du in den einzelnen Strophen?
Verbinde jede Strophe mit einem passenden Satz.

1. Strophe   Aber die Amsel frisst das Samenkorn nicht.

2. Strophe   Die Amsel findet ein Samenkorn.

3. Strophe   Aus dem Samenkorn wird ein Baum.

4. Strophe   Die Amsel baut froh ihr Nest in dem Baum.

5. Strophe   Das Samenkorn wächst und wächst.

**Gedichte haben eine besondere Sprache.
Dadurch entsteht eine besondere Wirkung.**

6 Überlege: Wie kann sich ein Samenkorn im Laufe der Zeit verändern?
   a. Lies dazu die folgenden Sätze.

   Ein Samenkorn keimt in der Erde.
   Es bekommt Wurzeln.
   Es entsteht ein kleines Pflänzchen.
   Die Pflanze wächst und wächst.
   Erst nach vielen Jahren wird daraus ein Baum.

   b. Markiere nun in der dritten und vierten Strophe die Verse,
   die zu diesen Sätzen passen. Schreibe die Verse hier auf.

   _____

   _____

7 Was kannst du über die Sprache in diesen Versen sagen? Ergänze.

In diesen Versen wird _____ erzählt,

lang und ausführlich | kurz und dicht

wie aus einem Samenkorn ein Baum entsteht.

49

Gedichte lesen und verstehen

Verse enden oft mit Reimen. Reime sind Wörter, die ähnlich klingen.

8 Untersuche die Reime in dem Gedicht.
  a. Lies Strophe für Strophe laut.
  b. Welche Wörter reimen sich?
     Markiere die Reimwörter am Ende der Verse.
     Tipp: Nimm fünf verschiedene Farben.

> 1 Ein Samenkorn lag auf dem **Rücken**,   _a_
> 2 die Amsel wollte es **zerpicken**.   _a_
>
> 3 Aus Mitleid hat sie es **verschont**   _b_
> 4 und wurde dafür reich belohnt.   ____
>
> 5 Das Korn, das auf der Erde lag,   ____
> 6 das wuchs und wuchs von Tag zu Tag.   ____
>
> 7 Jetzt ist es schon ein hoher Baum   ____
> 8 und trägt ein Nest aus weichem Flaum.   ____
>
> 9 Die Amsel hat das Nest erbaut,   ____
> 10 dort sitzt sie nun und zwitschert laut.   ____

> ein Reimpaar:
> zwei Wörter,
> die sich reimen

9 Untersuche die Abfolge der Reime genauer.   ▶ Wissen kompakt, S. 45
  a. Bezeichne die Reimpaare mit Kleinbuchstaben.
     Du brauchst diese Kleinbuchstaben: **a**, **b**, **c**, **d**, **e**.
  b. Welche Reimform erkennst du in dem Gedicht?
     Kreuze an.

  ☐ der Kreuzreim: Die Reime sind über Kreuz angeordnet: **abab**
  ☐ der Paarreim: Die Reime sind paarweise angeordnet: **aabb**

Reime bringen ein Gedicht zum Klingen.

10 Lies noch einmal das ganze Gedicht laut.
   Wie wirkt das Gedicht auf dich?
   Schreibe einen Satz auf.

   Das Gedicht wirkt auf mich _____

   *ruhig, fröhlich,
   heiter, bedrohlich,
   traurig, lustig …*

Mit offenen Augen durch die Welt

Wenn eine Sache, ein Tier oder eine Pflanze wie ein Mensch dargestellt wird, nennt man das Personifikation.

11 In dem Gedicht wird die Amsel **mit menschlichen Eigenschaften** dargestellt.
   a. Lies noch einmal den Vers 3.
   b. Welches **menschliche Gefühl** zeigt die Amsel? Kreuze an.

   ☐ Die Amsel hat Angst vor dem Samenkorn.
   ☐ Die Amsel hat Mitleid mit dem Samenkorn.
   ☐ Die Amsel hat sich in das Samenkorn verliebt.

12 Was könnte das Samenkorn zu der Amsel sagen?
Was könnte die Amsel antworten? Schreibe in die Sprechblasen.

13 Du kennst den Inhalt des Gedichts.
Schreibe auf, welche Belohnung die Amsel am Ende bekommt.

In der fünften Strophe steht: „dort sitzt sie nun und zwitschert laut" (Vers 10).

14 Stell dir vor, wie die Amsel in ihrem Nest sitzt und singt.
Was könnte die Amsel singen? Schreibe es auf.

51

Gedichte lesen und verstehen

Das große, kecke Zeitungsblatt – ein Gedicht erschließen und ergänzen

In diesem Gedicht geht es um ein Zeitungsblatt.

Das große, kecke Zeitungsblatt *Josef Guggenmos*

Heut wanderte durch unsre Stadt _a_

ein großes, keckes[1] Zeitungsblatt _a_

mir selber ist's begegnet. _b_

Herab die Straße im Galopp ____

5 kam es gelaufen, hopp, hopp, hopp, ____

von weitem mir entgegen. ____

Allmählich wurd es müd. Es kroch, ____

es schlurfte nur, es schlich nur noch. ____

Und legte still sich nieder. ____

10 Da lag's wie eine Flunder platt. ____

Dann aber tat das Zeitungsblatt ____

ganz plötzlich einen Sprung. ____

Stieg steil empor in kühnem Flug, ____

wobei es ein paar Saltos schlug, ____

15 und landete dann wieder. ____

Da saß es nun und duckte sich. ____

Jetzt krieg' ich dich! – Doch es entwich ____

mit tausend Purzelbäumen. ____

1 keck: frech, vorlaut

Mit offenen Augen durch die Welt

1 a. Sieh dir die Bilder an und lies die Überschrift.
   b. Schreibe deine Vermutung zum Inhalt des Gedichts auf.

_____
_____

Du untersuchst nun die Form des Gedichts.

2 Untersuche die Form des Gedichts.   ▶ Wissen kompakt, S. 45
   a. Bezeichne die Reimpaare am Ende der Verse mit jeweils gleichen Kleinbuchstaben.
   b. Welche Reimform hat das Gedicht? Ergänze den Satz.

   In dem Gedicht findet man _____ und dazu einzelne Verse _____ Reim.

   ☐ Paarreim   ☐ Kreuzreim   ☐ umarmender Reim

   c. Schreibe auf, wie viele Strophen und Verse das Gedicht hat.

   Strophen: _____   Verse: _____

   d. Notiere, was du bisher über das Gedicht herausgefunden hast.

   Das Gedicht mit dem Titel „_____
   _____" von _____
   _____ hat _____
   _____.

   Die Reimform heißt _____.

Untersuche nun den Inhalt des Gedichts.

3 Untersuche nun den Inhalt des Gedichts genauer.
   a. Kreuze an, welche Aussagen richtig sind.

   ☐ Der Sprecher begegnet in der Stadt einem Bekannten.
   ☐ Das Zeitungsblatt ist lebendig geworden.
   ☐ Der Wind hat das Zeitungsblatt vor sich hergetrieben.
   ☐ Der Sprecher versucht, das Zeitungsblatt einzufangen.

   b. Was geschieht in dem Gedicht? Schreibe es auf.

   _____
   _____
   _____
   _____

53

Gedichte lesen und verstehen

Wenn du das Gedicht von Josef Guggenmos liest, könntest du meinen, dass es um ein lebendiges Wesen geht.

4 **a.** Finde Stellen im Gedicht, die das deutlich machen. Schreibe zwei Beispiele auf.

_____

_____

b. Wie nennt man dieses sprachliche Bild?

_____

5 An welche Lebewesen erinnert dich das Zeitungsblatt?
Schreibe auf, woran du denkst, und schreibe die Textstelle dazu.

ein Kind   : *ein großes, keckes Zeitungsblatt*

_____ : _____

_____ : _____

_____ : _____

6 Wie wirkt das Gedicht auf dich? Notiere.

_____

_____

Wie geht die Reise für das Zeitungsblatt weiter?

7 Das Zeitungsblatt reist weiter. Schreibe seine Gedanken auf.
Die folgenden Fragen können dir helfen:
Was sieht es? Wo möchte es gerne hin? Wem begegnet es? Wo landet es?

Ich habe es geschafft! Du kriegst mich nicht. Jetzt _____

_____

_____

_____

_____

_____

_____

Wissen kompakt

Fantastisch! – *Jugendbücher lesen und untersuchen*

In diesem Kapitel lese ich Ausschnitte aus einem fantastischen Jugendbuch. Ich lese etwas über eine Hauptfigur.

Die Handlungsbausteine helfen mir, das Jugendbuch zu verstehen.

Die Handlungsbausteine	Die Fragen
die Figuren und die Situation	– Wer ist die Hauptfigur? – Wie sieht die Figur aus? – Welche Fähigkeiten und Eigenschaften hat sie? – Wie geht es der Figur? In welcher Lage ist sie?
der Wunsch	– Welchen Wunsch hat die Figur?
das Problem / das Hindernis	– Welches Problem hat die Figur?
die Reaktion / der Lösungsweg	– Wie löst die Figur das Problem?
das Ende	– Wie endet die Geschichte?

Fantastisch bedeutet: magisch, unglaublich, wunderbar.
Fantastische Jugendbücher erzählen unglaubliche Geschichten.

An diesen Merkmalen erkenne ich fantastische Jugendbücher:

Es kommen **Figuren** und **Wesen** vor, **die es** in der Wirklichkeit **nicht gibt**.	– *eine Hexe, ein Zauberer, einäugige Riesen und Drachen* – *ein Zauberer in einem Computerspiel*
Die Figuren und Wesen haben **magische Fähigkeiten** und **Eigenschaften**.	– *Eine Hexe kann Menschen eine Glatze hexen.* – *Ein Zauberer kann Feuer aus einem Stein schlagen.*
Die **fantastische Welt** und die **wirkliche Welt** vermischen sich.	– *Ein Zauberer bekommt Geld und einen U-Bahn-Plan von London.* – *Zuerst verschwinden Figuren in einem Spiel, dann auch in der Wirklichkeit.*
Die **Hauptfiguren** … – gehen auf **Reisen**, – lösen **Aufgaben**, – bestehen **Abenteuer**, – kämpfen **gegen das Böse**.	– *Ein Zauberer und eine Hexe wollen nach London reisen, um einen Prinzen zu retten.* – *Ein Junge möchte unbedingt das nächste Level in seinem Computerspiel erreichen.*

Die Hexe Lex — Seite 56
Der Zauberer Cornelius — Seite 58
Level 4 – Die Stadt der Kinder — Seite 62

Jugendbücher lesen und untersuchen

Die Hexe Lex – etwas über eine Hauptfigur lesen

Du liest Ausschnitte aus dem Buch **Das Geheimnis von Bahnsteig 13** von Eva Ibbotson. Die Hexe Lex ist eine der Hauptfiguren.

1 Wer ist die Hexe Lex?
Sieh dir das Bild an. Lies den Text.

1 Lex, **eine sehr junge Hexe**, lebte mit ihrer Familie
2 **im Norden der Insel**.
3 Die Schwestern von Lex sahen gruselig aus.
4 Die älteste hatte einen so langen Fingernagel,
5 dass sie den Garten damit umgraben konnte.
6 Einer anderen wuchsen lange, schwarze Haare
7 aus den Ohren, die nächste hatte gestreifte Füße.
8 **Lex aber** sah **fast normal** aus. Nur **ihr linkes Auge war grün**
9 und **das rechte braun**. Lex konnte auch **nicht gut hexen**.
10 Aber anderen Menschen **eine Glatze hexen** – das konnte sie! V

2 Was weißt du nun über Lex? Kreuze die richtigen Sätze an.

☐ Sie ist eine kleine Fee.   ☐ Sie sieht fast normal aus.
☐ Sie ist eine junge Hexe.   ☐ Sie sieht gruselig aus.
☐ Sie wohnt in einer Höhle.   ☐ Sie lebt auf einer Insel.

3 Was erfährst du noch über das Aussehen von Lex und ihre Fähigkeiten?
Ergänze.

Lex hat ein _____ und ein _____ Auge.

Lex kann _____ hexen.

Lex kommt an einer Höhle vorbei, in der drei Frauen sitzen. Sie erzählen Lex, was mit dem Prinzen passiert ist, der als Baby auf der Insel lebte.

11 Lex sah vorsichtig in die Höhle hinein.
12 Drei Frauen mit roten Haaren und Sommersprossen saßen darin.
13 Da ahnte Lex, wer die drei waren.
14 „Ihr seid die Kinderfrauen*, die den Prinzen vor sieben Jahren
15 mit in die andere Welt genommen haben, nicht wahr?",
16 fragte sie. „**Ja, er ist uns gestohlen worden**", sagte eine
17 von den drei Frauen.

* Eine Kinderfrau passt auf die Kinder von anderen Leuten auf.

Fantastisch!

**Der Prinz wurde als Baby von einer gewissen Frau Trottle entführt.
Der König und die Königin wollen drei Retter nach London schicken.
Sie sollen ihren Sohn suchen und auf die Insel zurückholen.**

4 Warum will die Hexe Lex mit dem König und der Königin sprechen?
Sieh dir das Bild an. Lies den Text.

18 Im Palast bekamen die drei Retter gerade
19 die letzten Anweisungen, etwas Geld und
20 einen Plan der Londoner* U-Bahn. […]   *London ist die Hauptstadt von England.
21 In diesem Moment kam ein Diener in den Raum.
22 „Da wartet ein kleines Mädchen vor dem Tor.
23 Sie will einfach nicht gehen!"
24 „Dann lass sie herein!", sagte der König.
25 Lex betrat den Raum.
26 **„Ich möchte auch den Prinzen retten", sagte sie.**
27 Die Königin sagte freundlich: „Du bist zu jung."
28 „Ich bin **genauso alt wie der Prinz**", sagte Lex.
29 „Der Arme muss sehr durcheinander sein.
30 Er denkt, dass die Trottles seine Familie sind!"
31 „Was würdest du ihm denn sagen,
32 um ihn zurückzuholen?", fragte die Königin.
33 „Ich würde überhaupt nichts sagen", erwiderte Lex.
34 „Ich würde ihm **mein Geschenk zeigen**." V

5 Was möchte Lex? Markiere ihren Wunsch im Text.

6 Was erfährst du noch über Lex? Kreise die richtigen Wörter ein.

Lex ist *genauso klug / genauso alt / genauso reich* wie der Prinz.

7 Wie würdest du das Verhalten von Lex beschreiben?
Schreibe passende Adjektive auf.

Die Hexe Lex verhält sich _____   mutig, ängstlich,
_____ .   unsicher, klug,
                                              selbstsicher, frech

8 Lex möchte dem Prinzen ein Geschenk mitbringen.
Was könnte dieses Geschenk sein? Schreibe deine Ideen auf.

57

Jugendbücher lesen und untersuchen

Der Zauberer Cornelius – etwas über eine Hauptfigur lesen

Du liest Ausschnitte aus dem Buch Das Geheimnis von Bahnsteig 13 von Eva Ibbotson. Der Zauberer Cornelius ist eine der Hauptfiguren.

1 Was kann der Zauberer Cornelius besonders gut?
　　a. Sieh dir das Bild an. Schreibe deine Vermutung auf.

　　b. Lies nun den Text.

1　Cornelius war der mächtigste Zauberer auf der Insel
2　und so klug, dass er für die Aufgabe
3　dreiundzwanzigtausendsiebenhundertundeinundvierzig
4　geteilt durch sechsdreiviertel nicht länger brauchte
5　als eine Katze zum Niesen.
6　Er konnte das Wetter ändern und Feuer aus einem Stein
7　schlagen. Und, was noch viel wichtiger war,
8　er hatte ursprünglich in der anderen Welt gelebt
9　und war dort Universitätsprofessor gewesen,
10　sodass er problemlos wie ein Mensch aussehen konnte. V

2 Was weißt du nun: Was kann der Zauberer Cornelius?
　　Ergänze.

　　Er kann eine schwere _____ sehr schnell rechnen.　*Feuer, Wetter, Aufgabe*

　　Er kann aus einem Stein _____ schlagen.

　　Außerdem kann er das _____ ändern.

3 Was findest du noch über Cornelius heraus?
　　Ergänze passende Stellen aus dem Text.

　　Zeile 1:　Cornelius ist *der mächtigste Zauberer* der Insel.

　　Zeile 2:　Er ist sehr _____.

　　Zeile 9:　Er war früher _____ an einer Universität.

　　Zeile 10:　Er kann _____.

Fantastisch!

**Cornelius bekommt einen Auftrag von dem König und der Königin.
Er soll ihren entführten Sohn in London suchen und zurückbringen.
Eine Fee, ein Riese und die Hexe Lex sollen Cornelius helfen.**

4 Ist Cornelius der Richtige für diesen Auftrag?
Sieh dir das Bild an. Lies den Text.

11 Aber der König und die Königin hatten nicht daran gedacht,
12 dass Cornelius so **alt** war.
13 In seiner Hütte in den Bergen bemerkte man das nicht so sehr,
14 aber hier, in dem hellen Licht, das vom Meer kam,
15 sah man deutlich die von **Leberflecken** übersäte **Glatze**
16 und **die gelblichen Strähnen in seinem langen, weißen Bart**.
17 Sein **Hals wackelte**, als wäre der kluge Kopf
18 mit der gewölbten Stirn zu schwer für ihn,
19 und **seine Knochen knarrten** bei jeder Bewegung
20 wie alte Balken; außerdem war er **schwerhörig**.
21 Als der König und die Königin ihn fragten, ob die Reise
22 nicht zu viel für ihn wäre, war er zutiefst verletzt.
23 **„Den Prinzen zurückzubringen wird die Krönung**
24 **meines Lebens sein"**, sagte er.

5 Wie kannst du das Aussehen von Cornelius und seine Eigenschaften
beschreiben? Schreibe passende Stichworte aus dem Text auf.

6 Was sagt Cornelius über den Auftrag des Königs und der Königin?
   a. Markiere seine Worte im Text.
   b. Was könnte das bedeuten: Die Krönung meines Lebens?
   Kreuze an.
   ☐ Es ist mir eine große Ehre, den Prinzen zu retten.
   ☐ Es ist die leichteste Aufgabe meines Lebens.
   ☐ Die Aufgabe ist zu schwer für mich.

Jugendbücher lesen und untersuchen

**Der Zauberer und seine Helfer haben den Prinzen in London gefunden.
Sie wollen ihn neugierig auf die Insel machen.
Deshalb planen sie eine Zauber-Show.**

  7 a. Wie bereitet sich Cornelius auf die Zauber-Show vor? Lies den Text.

25 Cornelius arbeitete von allen am meisten.
26 Stunde für Stunde saß er mit seinem schwarzen Buch
27 am See und **übte den Monster-Auftauch-Zauber**.
28 Er aß nicht, er schlief kaum, er arbeitete pausenlos. [...]
29 Cornelius **hätte wirklich alles getan**, nur um den Prinzen –
30 ohne ihm eins überzuziehen* und ihn in einen Sack zu stecken –
31 seinen sehnsüchtigen Eltern zurückzubringen. V

* ihm eins überziehen: ihn bewusstlos schlagen

b. Schreibe auf, wie du dir den Monster-Auftauch-Zauber vorstellst.

Was ist denn das Besondere an der Insel, auf der der Prinz früher lebte?

 8 Sieh dir die Bilder an. Lies den Text.

32 Auf der Insel lebten ziemlich vernünftige Leute, die wussten,
33 dass nicht jeder zwei Arme und Beine haben muss, sondern
34 in Aussehen und Denken unterschiedlich sein kann.
35 So lebten die Insulaner* friedlich mit einäugigen **Riesen**
36 zusammen oder mit **Drachen**,
37 von denen es eine ganze Menge gab.
38 Und wenn sie einer **Meerjungfrau** begegneten,
39 die auf einem Felsen ihr Haar kämmte,
40 stürzten sie sich nicht etwa vor Schreck ins Meer,
41 sondern sagten einfach „Guten Morgen".
42 Die Insulaner wussten, dass **Ellerfrauen** einen hohlen Buckel
43 hatten und es gar nicht schätzten**,
44 wenn man ihn an einem Samstag anschaute.
45 Und wenn die **Trolle** nun mal Wert darauf legten,
46 ihren Bart so lang zu tragen, dass sie bei jedem Schritt
47 drauftraten, dann war das ganz allein ihre Angelegenheit. V

* die Insulaner: Menschen, die auf einer Insel leben
** nicht schätzen: nicht mögen

Fantastisch!

Auf der Insel leben nicht nur der Zauberer Cornelius und die Hexe Lex, sondern noch viele andere fantastische Wesen.
▶ Die Hexe Lex, S. 56–57

9 Markiere die fantastischen Wesen im Text auf Seite 60.

10 Die Wesen haben ganz besondere Eigenschaften und Merkmale. Verbinde.

die Wesen der Insel	die Eigenschaften
Riesen	Sie sitzen auf einem Felsen und kämmen ihr Haar.
Drachen	Sie haben einen Buckel, den man samstags nicht ansehen darf.
Meerjungfrauen	Sie haben nur ein Auge.
Ellerfrauen	Ihre Bärte reichen bis zum Boden.
Trolle	Auf der Insel gibt es eine Menge davon.

Du hast über einige Figuren aus dem fantastischen Jugendbuch Das Geheimnis von Bahnsteig 13 gelesen.

11 Woran erkennst du, dass es ein fantastisches Jugendbuch ist? Schreibe Beispiele zu den Merkmalen auf.
▶ Wissen kompakt, S. 55

Merkmale	Beispiele
Es kommen Figuren und Wesen vor, die es in der Wirklichkeit nicht gibt.	*die Hexe Lex,*
Die Figuren und Wesen haben magische Eigenschaften und Fähigkeiten.	
Die Hauptfiguren gehen auf Reisen, lösen Aufgaben oder bestehen Abenteuer.	

Jugendbücher lesen und untersuchen

Level 4 – Die Stadt der Kinder – einen Ausschnitt lesen und untersuchen

Level 4 – Die Stadt der Kinder ist ein fantastisches Jugendbuch von Andreas Schlüter. Hier liest du den Klappentext:

 Ben liebt Computerspiele über alles, besonders seine Neuerwerbung „Die Stadt der Kinder". Doch irgendetwas läuft schief im 4. Level. Was eigentlich nur auf dem Bildschirm passieren sollte, wird plötzlich unheimliche Realität: Alle Erwachsenen verschwinden aus der Stadt! Zunächst sind die Kinder begeistert, endlich können sie all das tun, was sie schon immer mal machen wollten. Doch Ben und seine Freunde begreifen gleich den Ernst der Lage …

1 Was könnte in dem Buch passieren?
   a. Lies den Klappentext und sieh dir das Cover an.
   b. Schreibe deine Vermutung auf.

2 Lies den folgenden Ausschnitt.

Ben hat von seinem Freund das Computerspiel „Die Stadt der Kinder" bekommen. Er hat es bislang nur im Kaufhaus gespielt und kann es kaum abwarten, endlich bis zur vierten, schwierigsten Ebene zu kommen. Kaum ist die Schule vorbei, rennt er nach Hause und legt los.

 Zuerst einmal die Straße hoch und in den letzten Laden hineingehen. Also Joystick nach vorn. Achtung vor den Autos. Die werden nämlich von Kindern gefahren, die keinen Führerschein haben. Deshalb waren sie unberechenbar. Plötzlich fiel ein Blumentopf aus dem zweiten Haus. Dicht neben der Figur prallte er auf die Straße
5 und zersprang in tausend kleine Lichtpunkte, die sich auf dem Bildschirm in alle Richtungen verflüchtigten.

Das war knapp. In seiner Aufregung hatte Ben diese kleinen heimtückischen Hindernisse völlig vergessen, die durch das Chaos in der Stadt entstanden. Er musste vorsichtiger sein, denn bis zur vierten Spielebene war es noch ein langer
10 Weg. Und dummerweise ließen sich die ersten, leichteren Spiellevels nicht überspringen. Nach jedem groben Fehler fing das Spiel von vorne an. Unzählige Male hatte Ben diesen Anfang schon gespielt. Und doch entging ihm immer mal wieder eine dieser Kleinigkeiten wie der Blumentopf.

Diesmal hatte Ben Glück gehabt. *Hinein in den Laden.* Schon sprang das Bild auf
15 eine neue Szene: das Innere des Ladens. Hinter dem Tresen stand eine zwielichtige

62

Gestalt. Ben wusste, dass es kein normaler Verkäufer war. Er war ein heimtückischer Zauberer – einer der letzten Erwachsenen in der Stadt. Vorsicht war geboten. Jeder Schritt der Figur musste wohlüberlegt sein auf dem Weg zur Glasvitrine, wo der Schlüssel
20 zum nächsten Bild versteckt war. Dazwischen, das wusste Ben von seinen zahlreichen Versuchen im Kaufhaus, lauerte eine Falltür im Fußboden auf eine unbedachte Bewegung der Spielfigur.

Entschlossen packte Ben den Joystick. Und schon … „rring-rrring!", klingelte es an der Haustür.

25 „Das darf doch nicht wahr sein!", fluchte Ben. Ein Blick auf seinen Radiowecker holte ihn in die Wirklichkeit zurück. Es war ein Uhr nachmittags. Jennifer wollte für die Mathearbeit üben.

Zögernd schob Ben sich von seinem Sitz. Langsam ging er einige Schritte auf die Zimmertür zu, ohne auch nur einen Augenblick
30 den Bildschirm aus den Augen zu lassen. Wer weiß, welchen Schabernack der Zauberer mit seiner Figur treiben würde, wenn er zu lange an einer Stelle stehen blieb? „Rring!", wiederholte die Haustürklingel erbarmungslos.

„Ja doch!", rief Ben ärgerlich. Dann rannte er los, riss die Haustür
35 auf, hechelte ein kurzes „Hallo" hinaus auf die Straße und stürzte schnurstracks wieder zurück in sein Zimmer. Jennifer blieb mit offenem Mund vor der Haustür stehen.

Die Handlungsbausteine helfen dir, den Text besser zu verstehen.

3 Beantworte die folgenden Fragen zur Hauptfigur: ▶ Wissen kompakt, S. 55
   a. In welcher Situation befindet sich Ben am Anfang?

   b. Worauf konzentriert er sich vor allem? Achte auf seine Gedanken, die an den kursiv gedruckten Stellen deutlich werden.

Jugendbücher lesen und untersuchen

 4 Untersuche genauer, was Ben sich wünscht und warum es ihm nicht gelingt.
Er hat mehrere Wünsche und alle drehen sich um das Spiel.
   a. Warum gelingt es nicht? Ordne Bens Wünschen jeweils das passende Hindernis zu.
   b. Formuliere zu dem letzten Wunsch, dem Hauptwunsch, selber das Hindernis.

Ben will die vierte Spielebene erreichen.	_____
Ben will den Schlüssel zum nächsten Bild finden.	Es gibt viele kleine, heimtückische Hindernisse.
Ben will einfach nur ungestört „Stadt der Kinder" spielen.	Im Boden lauert eine Falltür.

   c. Bens Reaktion auf Jennifers Klingeln ist für Jennifer überraschend. Schreibe auf, woran man das erkennt.

Untersuche Bens Verhalten und seine Gefühle genauer.

5 Wie kannst du Bens Gefühle und sein Verhalten treffend beschreiben?
   a. Suche unter den folgenden Adjektiven drei aus, die gut auf Ben passen. Umkreise diese Adjektive in jeweils einer Farbe.
   b. Suche dazu passende Textstellen und unterstreiche sie ebenfalls in der Farbe.

konzentriert | aufmerksam | erschrocken | vorsichtig | entschlossen | ärgerlich | zögernd | unwillig | unhöflich | geduldig

   c. Schreibe mit eigenen Worten auf, warum Ben sich so fühlt oder sich so verhält.

Ben ist _____

weil _____

_____

_____ .

6 Welche Merkmale fantastischer Jugendbücher findest du in dem Textausschnitt? Umkreise die passenden Merkmale.

Figuren mit besonderen Fähigkeiten | fantastische Wesen | Gegenstände werden anders genutzt als in der Wirklichkeit | erfundene Wörter und Nomen | Hauptfigur besteht Abenteuer

7 Wie könnte es weitergehen? Der Klappentext zum Buch verrät, dass das Spiel Realität wird. Schreibe deine Ideen auf.
   a. Unterstreiche dazu die Textstellen, die dir etwas über das Spiel verraten.
   b. Überlege, was passieren könnte, wenn solche Dinge im echten Leben passieren oder Figuren wie der heimtückische Zauberer plötzlich auftauchen.
   c. Schreibe nun in deinem Heft auf, was mit Ben als Nächstes passiert.

Grammatik: *Die Wortarten*

Wortarten wiederholen: Nomen

Wortarten wiederholen: Nomen

Wissen kompakt

> **Nomen** benennen **Lebewesen** (Menschen, Tiere, Pflanzen) und **Gegenstände**. Nomen benennen auch etwas, das Menschen **fühlen oder sich vorstellen:** *die Maus – die Mäuse, der Wunsch – die Wünsche.*

Kevin verbringt seinen Boys'Day im Kindergarten.

Heute ist Henrys Geburtstag.

Ich habe eine Idee: Ich singe mit den Kindern ein Lied.

1 Welche Lebewesen und Gegenstände siehst du auf dem Bild?
Schreibe passende Nomen mit ihren Artikeln auf.
Überlege, ob du die Nomen im Singular oder Plural aufschreibst.

Lebewesen	Gegenstände	etwas, das wir fühlen oder uns vorstellen
die Blumen	der Kaffeebecher	

2 Nomen benennen auch etwas, was Menschen fühlen oder sich vorstellen.
Welche gefühlten und vorgestellten Dinge passen zu dem Bild?
Markiere die Nomen. Schreibe sie rechts in die Tabelle.

die Idee | die Angst | der Spaß | der Hunger | der Streit | die Langeweile | das Lied | der Vormittag | der Abend | der Abschied | der Geburtstag

65

Grammatik: *Die Wortarten*

Wortarten wiederholen: Personalpronomen

Wortarten wiederholen: Personalpronomen

Wissen kompakt

> Wörter wie **ich, er, sie, es, wir** sind **Personalpronomen.**
> Wir können ein Nomen durch ein Personalpronomen ersetzen.
> Ein Text klingt besser, wenn wir ein Nomen nicht ständig wiederholen:
> *Der Kuchen duftete. Er war noch warm.*
> *Die Kinder und ich klatschten, denn wir freuten uns.*

Kevin berichtet über seinen Boys'Day im Kindergarten.

1 An diesem Tag hatte Henry einen Kuchen mitgebracht,
2 weil er Geburtstag hatte. Alle Kinder saßen
3 am gedeckten Tisch und warteten. Sie waren ganz leise.
4 In der Mitte vom Tisch stand eine Kerze. Henry durfte sie
5 auspusten. Dann sollten die Kinder und ich ein Lied für Henry
6 aussuchen. Wir sangen: „Zum Geburtstag viel Glück!"

1 Markiere in dem Text die Personalpronomen.

So geht Kevins Bericht weiter:

7 Henry klatschte und bedankte sich bei allen.
8 Dann verteilte Henry den Kuchen.
9 Später liefen die Kinder in den Garten.
10 Dort spielten die Kinder auf der Kletterburg.
11 Die Erzieherin und ich gingen mit nach draußen, denn
12 die Erzieherin und ich mussten ja auf die Kinder aufpassen.

2 Einige Nomen wiederholen sich. Die Sätze klingen dadurch eintönig.
  a. Markiere die Wiederholungen.
  b. Überarbeite den Text. Verwende Personalpronomen.

Henry klatschte und bedankte sich bei allen. Dann

Grammatik: *Die Wortarten*

Wortarten wiederholen: Adjektive

Wortarten wiederholen: Adjektive

Wissen kompakt

> Wörter wie *kalt, mutig, fröhlich* sind **Adjektive**.
> Mit **Adjektiven** können wir beschreiben, **wie** etwas ist.
> Steht ein Adjektiv vor einem Nomen, verändert sich die Endung:
> *der neu**e** Turm, das kalt**e** Wasser, die fröhlich**en** Kinder.*

Kevin erzählt seiner Tante von seinem Boys'Day im Kindergarten.

1 Am Nachmittag war es <mark>sonnig</mark> und warm.
2 Wir sind dann mit den zappeligen Kindern nach draußen
3 gegangen. Die großen Kinder haben übermütig geschrien.
4 Sie sind sofort zu der neuen, bunten Kletterburg gelaufen.
5 Aber ich habe mich um die kleinen Kinder im Sandkasten
6 gekümmert.

1 Wie beschreibt Kevin den Nachmittag?
   a. Markiere im Text die Adjektive.
   b. Ergänze zu den Fragen die passenden Adjektive in der Grundform.

   Wie war der Nachmittag? *sonnig, warm* _____

   Wie waren die Kinder? _____

   Wie war die Kletterburg? _____

Kevin schreibt seinen Bericht. Er möchte auch Adjektive verwenden.

2 a. Ergänze passende Adjektive. Du kannst vom Rand auswählen.
   b. Markiere die Endungen der Adjektive.

   Die meisten Kinder waren von dem *bunt**en*** _____ Turm

   der _____ Kletterburg begeistert.

   Die _____ Kinder spielten im Sandkasten

   mit Wasser. Ich sollte aufpassen. Es gab einen Streit,

   weil sich zwei Kinder mit dem _____ Sand bewarfen.

   Zum Glück konnte ich den Streit schnell schlichten.

bunten, kleinen, nassen, großen, neuen, jüngeren, kalten

67

Grammatik: *Die Wortarten*

Wortarten wiederholen: Nomen und Adjektive

Wortarten wiederholen: Nomen und Adjektive

Wissen kompakt

Nomen bezeichnen **Lebewesen** und **Gegenstände**. Nomen bezeichnen auch **gedachte oder vorgestellte Dinge**. Fast alle Nomen können im **Singular** (Einzahl) und im **Plural** (Mehrzahl) stehen.	*der Mann, die Katze, das Buch der Hunger, das Glück, die Zeit der/ein Erfinder – die Erfinder das/ein Fahrzeug – die Fahrzeuge die/eine Sportart – die Sportarten*
Mit **Adjektiven** können wir Lebewesen und Dinge besser **beschreiben** und **vergleichen** oder auch **Gegensätze ausdrücken**. Steht das Adjektiv vor einem Nomen, verändert sich die Endung.	*neu, ruhig* *Ich sehe den ruhigen See. Das Boot liegt auf dem ruhigen See.*

In der Stadt

Talina fährt in die Stadt. Der Bus hält an und Talina steigt aus. Es gibt viel zu sehen:
Sie sieht die Vögel durch die Luft fliegen. Ein Mann hat einen Hund an der Leine.
Die Autos fahren durch die Straßen. Die Ampel ist rot. Talina muss warten. Sie ist
mit ihren Gedanken bei dem Geburtstag ihrer Mutter. Sie will ihr ein schönes
Geschenk kaufen. Da wird die Freude bei ihrer Mutter hoffentlich groß sein.

1 a. Markiere alle Nomen (keine Eigennamen) im Text gelb.
b. Schreibe die markierten Nomen im Singular und Plural mit dem bestimmten Artikel auf.

die Stadt – die Städte, _____

_____

_____

_____

2 Wie sind die Lebewesen und Gegenstände im Text?
Ergänze passende Adjektive. Passe die Endungen an.

groß, nächste, bunt, eilig, blau

Der Einkauf

Talina geht in das _____ Geschäft.

Sie sucht die Abteilung mit den _____ Kerzen.

Sie nimmt die _____ Kerze und geht an die _____ Kasse.

Sie bezahlt und geht mit _____ Schritten zurück zur Bushaltestelle.

Grammatik: *Die Wortarten*

Wortarten wiederholen: Adjektive und Personalpronomen

Wortarten wiederholen: Adjektive und Personalpronomen

Wissen kompakt

Mit den **Endungen -ig** und **-lich** können wir aus Nomen **Adjektive** bilden.	der Sport – sportlich der Witz – witzig
Personalpronomen können wir für **Lebewesen**, **Gegenstände** oder **Gedachtes einsetzen**. Sie helfen dabei, häufige Wiederholungen von Nomen zu vermeiden. Sie werden im Satz wie Nomen gebeugt.	ich – du – er – sie – es – wir – ihr – sie Wir haben einen guten Trainer. Ich finde ihn nett.

1 Bilde Adjektive mit *-ig* und *-lich*. Schreibe sie auf.

der Mut | der Friede | der Geiz | die Langeweile | das Herz |
der Freund | der Hunger | der König | die Ruhe | die Absicht

2 Schreibe vier Sätze mit den Adjektiven aus Aufgabe 1 in dein Heft.

Für Nomen können wir Personalpronomen einsetzen.

Mein Hobby ist Reiten. Reiten macht Spaß.
Meine Freundin geht in den Chor. Meine Freundin singt gerne.
Unsere Freunde spielen Fußball. Unsere Freunde schießen viele Tore.
Meine Freundin und ich gehen gerne zusammen spazieren.
Meine Freundin und ich shoppen gerne.

3 a. Streiche die Wiederholungen durch.
b. Ersetze die Wiederholungen durch passende Personalpronomen und schreibe die Sätze neu auf.

69

Grammatik: *Die Wortarten*

Verben im Präsens

Verben im Präsens

Wissen kompakt

> Wörter wie *helfen, verkaufen, nachdenken* sind **Verben**.
> Wir verwenden das **Präsens** (Gegenwart), um zu sagen, **was wir jetzt tun** oder **was gerade passiert**:
> Ich **lese** ein Rezept. Der Kuchen **steht** im Ofen. Wir **räumen** die Küche **auf**.

Fabian und Lara planen eine Überraschung.

1. Fabian sucht nach einem Kuchenrezept im Internet.
2. Lara legt alle Zutaten und Küchengeräte auf den Tisch.
3. Sie holt eine Tafel dunkle Schokolade aus dem Schrank.
4. Fabian schreibt ein Schild: „Bitte nicht stören!"
5. Dann backen Fabian und Lara einen Schokoladenkuchen.

1 Was tun Fabian und Lara? Markiere die Verben im Text. Schreibe sie auf.

sucht, _____

6. Fabian **liest** das Rezept **vor**.
7. Lara **wiegt** Mehl, Zucker und Butter **ab**.
8. Dann schüttet sie die Zutaten in die Rührschüssel.
9. Fabian **schlägt** vier Eier **auf** und verrührt alles mit dem Mixer.
10. Zum Schluss **gibt** Lara die Schokostückchen **hinein**.

2 Im Präsens stehen zusammengesetzte Verben auseinander.
Schreibe die Verben mit der Grundform (Infinitiv) auf.

vorlesen, abwiegen, aufschlagen, hineingeben

liest vor – vorlesen, wiegt ab – _____

_____

3 Was tun Fabian und Lara, als der Kuchen fertig ist?
Ergänze die Verben vom Rand. Achte auf die richtige Form.

aufräumen, einladen

Fabian und Lara _____ die Küche _____.

Dann _____ sie die Eltern zum Kuchenessen _____.

Grammatik: *Die Wortarten*

Verben im Perfekt

Verben im Perfekt

Wissen kompakt

> Wir verwenden das **Perfekt**, wenn wir über **Vergangenes mündlich erzählen**. Viele Verben bilden das Perfekt mit dem Hilfsverb **haben**:
> *Ich habe Nudeln **ge**kocht. Er hat den Tisch **ge**deckt.*
> *Wir haben Gäste ein**ge**laden.*

Lara erzählt ihrer Oma:

1. Wir **haben** gestern einen Kuchen **gebacken**.
2. Fabian hat im Internet ein Rezept gefunden.
3. Ich habe die Schokolade in Stückchen gehackt.
4. Dann haben wir alle Zutaten in die Rührschüssel geschüttet.
5. Fabian hat den Teig mit dem Mixer gerührt.
6. Schließlich habe ich den Kuchen in den Ofen gestellt.

1 a. In dem Text findest du Verben im Perfekt. Markiere die Verben.
b. Schreibe die Verben mit dem Infinitiv (Grundform) auf.

haben gebacken – backen, hat gefunden – _____

2 Lara erzählt weiter. Ergänze die Verben vom Rand im Perfekt.

decken, einladen, holen

Wir *haben* _____ den Tisch *gedeckt* _____.

Dann _____ wir Mama und Papa _____.

Ich _____ den Kuchen aus dem Ofen _____.

3 Was könnte Lara noch erzählen? Schreibe einen Satz im Perfekt auf. Wähle ein Verb vom Rand aus.

essen, lachen, schmecken, aufräumen

71

Grammatik: *Die Wortarten*

Verben im Präteritum

Verben im Präteritum

Wissen kompakt

> Wir verwenden das **Präteritum**, wenn wir über **Vergangenes schriftlich berichten**: *Ich spülte das Geschirr mit der Hand. Wir hatten einen Hund.*

Fabian liest eine E-Mail: Die Oma berichtet über ihr Leben als Kind.

1 Als ich Kind war, wohnten wir in einem Haus am Stadtrand.
2 Mein Vater arbeitete bei einem Metzger in der Stadt.
3 Meine Mutter kümmerte sich um den Haushalt und die Kinder.
4 Ich hatte drei Schwestern und zwei Brüder.
5 Wir halfen alle zu Hause mit.
6 An Geburtstagen backte meine Mutter Kuchen.
7 Wir deckten den Tisch und stellten eine Kerze in die Mitte.

1 In dem Text findest du Verben im Präteritum. Markiere die Verben.

2 Ergänze die Verbformen im Präteritum. Markiere das t.

ich spiele: *ich spielte*   ich lerne: _____

er kauft: _____   sie hört: _____

wir machen: _____   wir kochen: _____

3 Ergänze passende Verben im Präteritum. Achte auf die richtige Form.

Ich *lernte* Rad fahren, als ich vier Jahre alt war.

Wir _____ oft auf der Straße Fußball oder Gummitwist.

Am Sonntag _____ wir manchmal einen Spaziergang.

Mein Vater _____ dann für alle ein Eis.

4 Was machte die Großmutter vielleicht noch, als sie ein Kind war?
Schreibe einen Satz im Präteritum.

_____

_____

Grammatik: *Die Wortarten*

Verben im Futur

Verben im Futur

Wissen kompakt

Wir verwenden das **Futur**, wenn wir über etwas sprechen oder schreiben, **was in der Zukunft passieren wird**. Wir bilden das Futur mit dem Hilfsverb **werden** und dem Infinitiv (Grundform) des Verbs:
*Ich **werde** später den Führerschein **machen**. Ein Roboter **wird** die Wohnung **aufräumen**. Wir **werden** viel Freizeit **haben**.*

Fabian plant seine Zukunft.

1. Zuerst werde ich die Schule erfolgreich beenden.
2. Danach werde ich mir eine Lehrstelle als Konditor* suchen.
3. Vielleicht werden wir Torten über eine App verkaufen.
4. Ich werde mein eigenes Geld verdienen.
5. Später werde ich in einer modernen Wohnung wohnen.
6. Mein Kühlschrank wird alle Lebensmittel automatisch bestellen.

*Ein Konditor bereitet Torten und Pralinen zu.

1 In dem Text findest du Verben im Futur. Markiere die Verben.

2 Was wirst du tun? Was werden die Kinder in der Zukunft tun?
Schreibe vier Sätze im Futur.
Du kannst die Satzschalttafel nutzen oder eigene Sätze schreiben.

Ich Paula Rafik Wir	werde wird werden	ein Motorrad kaufen. in einem Baumhaus wohnen. auf einer Raumstation im All arbeiten. eine Roboter-Schule gründen. …

73

Grammatik: *Die Wortarten*

Wortart: Verben im Präsens

Wortart: Verben im Präsens

Wissen kompakt

> Wir verwenden das **Präsens** (Gegenwart), um zu sagen, was wir **jetzt** tun oder was wir **regelmäßig** tun. Die Verbformen richten sich nach der Person. Dann verändern sich die Verben.
>
> *ich gehe – du gehst – er/sie/es geht – wir gehen – ihr geht – sie gehen*

Ein Chat mit Ömer

Ömer: Was machst du heute?
Ben: Ich fahre mit meiner Familie in den Wasserpark.
Ömer: Schreib mir mal, wie es dort ist.
Ben: Hallo Ömer, ich schwimme in riesigen Wellen
5   oder treibe mit einer Nudel durch das Wasser.
     Meine Eltern entspannen unter Palmen oder
     sitzen im warmen Sprudelbecken. Hier ist alles
     möglich: planschen, tauchen und springen von
     verschiedenen Sprungtürmen. Später gehe ich
10   noch mal zu den Rutschen.

1 Ben und Ömer chatten am Wochenende.
     a. In den Sätzen findest du zwölf Verben. Markiere sie.
     b. Schreibe die Verben auf.

_____
_____
_____

2 Was erzählt Ben, als Ömer ihn anruft?
Ergänze die Sätze mit passenden Verben im Präsens.
Achte auf die Verbendungen!

| ~~rutschen~~ | verlieren | haben | warten | benutzen | rutschen | sehen |

Ben: Ja, ich <u>rutsche</u> gleich. Hoffentlich _____ man nicht so lange.

Die Wellenrutsche _____ vier Bahnen. Vier Personen _____ gleichzeitig.

In einer Rutsche _____ man Reifen. In der dunklen Röhre _____ du

spezielle Lichteffekte. Du _____ dabei die Orientierung.

74

Grammatik: *Die Wortarten*

Wortart: Verben in der Vergangenheit

Wortart: Verben in der Vergangenheit

Wissen kompakt

Wir verwenden das **Präteritum**, wenn wir über Vergangenes schriftlich berichten. Wir bilden **regelmäßige** (schwache) Verben im Präteritum mit dem Wortstamm + Endung. Bei einigen **unregelmäßigen** (starken) Verben ändert sich im Präteritum der Verbstamm.

Wir verwenden das **Perfekt**, wenn wir über Vergangenes **mündlich** erzählen. Viele Verben bilden das Perfekt mit dem Hilfsverb **haben**. Einige Verben (häufig der Bewegung) mit dem Hilfsverb **sein**.

ich rutsch**te** – *du* rutsch**test** – *er/sie es* rutsch**te** – *wir* rutsch**ten** – *ihr* rutsch**tet** – *sie* rutsch**ten**

ich nehme – *ich* nahm

ich habe entdeckt, du hast gelacht er ist geflogen, wir sind gelandet

1 a. Bilde von den Verben in der Tabelle das Präteritum.
b. Markiere den Verbstamm.

	hüpfen	lachen	lernen
ich	_____	_____	_____
du	_____	_____	_____
er/sie/es	_____	_____	_____
wir	_____	_____	_____
ihr	_____	_____	_____
sie	_____	_____	_____

2 a. Verbinde das Verb im Präsens mit dem Verb im Präteritum.

ich schlafe	ich trank	ich fliege	ich fuhr
ich trinke	ich schlief	ich springe	ich schrieb
ich esse	ich trug	ich fahre	ich flog
ich trage	ich aß	ich schreibe	ich sprang

(ich schlafe — ich schlief verbunden)

b. Schreibe die Wortpaare in dein Heft. Ergänze die Verbform im Perfekt.

ich schlafe – ich schlief – ich habe geschlafen

75

Grammatik: *Wortbildung und Wortbedeutung*

Zusammengesetzte Nomen

Zusammengesetzte Nomen

Wissen kompakt

> Mit zusammengesetzten Wörtern können wir etwas genauer benennen.
> Aus zwei Nomen entsteht ein neues Nomen. Das **zusammengesetzte Nomen** hat immer den **Artikel des zweiten Nomens**:
> *das Wasser + die Rutsche = die Wasserrutsche.*

Ein Sommertag im Freibad

1. Zuerst spielen Leo und Ute **Wasserball**.
2. Dann spielen sie Federball auf der Wiese.
3. Danach üben sie Handstand und sogar Kopfstand.
4. „Jetzt brauchen wir aber eine Erfrischung", sagt Ute.
5. Ute und Leo bestellen am Eiswagen zwei Eiswaffeln.

1 Im Text werden einige Wörter genauer benannt.
  a. Markiere im Text die zusammengesetzten Nomen.
  b. Schreibe sie mit den Artikeln auf.

▶ Zusammengesetzte Nomen, S. 100

der Ball, der Stand, das Eis

der Wasserball = das Wasser + der Ball

2 Bilde zusammengesetzte Nomen mit den Wörtern **Sommer** und **Wasser**.
Probiere verschiedene Möglichkeiten aus.
Schreibe die Nomen mit den Artikeln auf.

das Fest | die Kleidung | der Schlauch | der Tropfen |
der Abend | der Regen | die Farben | das Loch

das Sommerfest,

76

Grammatik: *Wortbildung und Wortbedeutung*

Wortbildung und Wortbedeutung: Zusammengesetzte Nomen

Wortbildung und Wortbedeutung: Zusammengesetzte Nomen

Wissen kompakt

> Mit **zusammengesetzten Wörtern** können wir etwas genauer benennen.
> Das letzte Wort ist das **Grundwort** und bestimmt den Artikel.
> Das erste Wort ist das **Bestimmungswort** und erklärt die Bedeutung genauer.
>
> *der Sport + das Fest = das Sportfest*
> *der Kaffee + die Tassen = die Kaffeetassen*

Lea und Sven räumen auf

Lea hängt die Holzzange und die Rohrzange an die Haken.
Sven räumt die Holzschrauben und die Metallschrauben in die Holzkiste.
Der Steinbohrer und der Holzbohrer kommen in eine Werkzeugkiste.

1 Lea und Sven benennen diese Dinge genauer.
   a. Markiere im Text die zusammengesetzten Wörter.
   b. Schreibe sie auf.

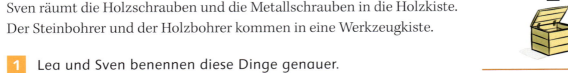

die Zange, die Schrauben, der Bohrer, die Kiste

das Holz + die Zange → die Holzzange

   c. Erkläre die Bedeutung. Formuliere Sätze in deinem Heft.
      Eine Holzzange ist eine Zange für das Holz.

2 Bilde zusammengesetzte Nomen. Schreibe sie in dein Heft.

	das Rad		**der** Mäher
	der Ball		**die** Schere
das Wasser	**die** Bahn	**der** Rasen	**der** Dünger
	die Rutsche		**der** Platz
	die Flasche		**der** Sprenger

3 Schreibe drei Sätze mit zusammengesetzten Nomen aus Aufgabe 2 und erkläre dabei die Bedeutung des Wortes.

Grammatik: *Wortbildung und Wortbedeutung*

Zusammengesetzte Verben

Zusammengesetzte Verben

Wissen kompakt

> Verben können wir mit **ab**, **an**, **aus**, **los**, **mit**, **um**, **vor**, **zurück** zusammensetzen. Es entstehen neue Verben mit neuen Bedeutungen:
> *Fahren* bedeutet etwas anderes als **ab**fahren, **mit**fahren, **vor**fahren.

Beim Straßenfest – Sascha erklärt das Pedalo-Rennen:

> Ihr spielt in Zweierteams. Zuerst muss ein Kind mit dem Pedalo losfahren. An der Fahne muss das andere Kind das Pedalo nehmen und schnell zurückfahren.
> Ich will es einmal vormachen.

1 Im Text stehen drei zusammengesetzte Verben. Markiere sie.

2 Bilde neue Verben. Schreibe die Verben auf. ▶ Verben im Präsens, S. 70

ab		vor		mit	
um	+ fallen	aus	+ laufen	ab	+ nehmen
aus		ab		zurück	

fallen: _abfallen,_ _____

laufen: _____

nehmen: _____

3 Auf dem Straßenfest gibt es Hinweisschilder.
Ergänze das passende Verb vom Rand.

Bei Regen muss das Pedalo-Rennen

leider _____.   *abfallen, ausfallen, umfallen*

Bitte achtet auf die Getränkeflaschen,

damit sie nicht _____!   *loslaufen, auslaufen, vorlaufen*

Ihr könnt Kuchen kaufen und

für zuhause _____!   *mitnehmen, zurücknehmen, abnehmen*

Grammatik: *Wortbildung und Wortbedeutung*

Zusammengesetzte Wörter, Wortfamilien

Zusammengesetzte Wörter, Wortfamilien

Wissen kompakt

Wörter aus einer **Wortfamilie** haben den **gleichen Wortstamm**.
Mit zusammengesetzten Wörtern aus einer Wortfamilie können wir etwas genauer benennen:
Wortstamm **-lauf-**: es **läuf**t, zurück**lauf**en, der **Lauf**wettbewerb.

📖 Die Klassenfahrt

1. Die Schülerinnen und Schüler begrüßen die Busfahrerin.
2. Die Eltern helfen, die Koffer und Taschen einzuladen.
3. Der Motor läuft, endlich kann der Bus abfahren.
4. Während der Fahrt hören die Kinder Musik oder spielen.
5. Bald fährt der Bus in die Einfahrt der Jugendherberge.
6. Die Busfahrerin nimmt das Mikrofon: „Das Fahrtziel ist erreicht.
7. Habt viel Spaß! Wir sehen uns auf der Rückfahrt wieder."

1 Im Text findest du Wörter der Wortfamilie **-fahr-**.
Markiere die Wörter.

2 Die folgenden Wörter gehören zu zwei Wortfamilien.
 a. Ordne die Wörter in die Tabelle ein.
 b. Markiere den Wortstamm.

die Schreibschrift | die Laufschuhe | weglaufen | vorschreiben | der Läufer |
das Schreibheft | abschreiben | verlaufen | die Laufrichtung | sie schrieb

Wortfamilie -schreib-	Wortfamilie -lauf-
die Schreibschrift	

3 Schreibe mindestens drei Sätze mit Wörtern der Wortfamilien **-schreib-** oder **-lauf-** in dein Heft.

79

Grammatik: *Wortbildung und Wortbedeutung*

Wortbildung und Wortbedeutung: Zusammengesetzte Verben, Wortfamilien

Wortbildung und Wortbedeutung: Zusammengesetzte Verben, Wortfamilien

Wissen kompakt

Mit **zusammengesetzten Wörtern** können wir etwas genauer benennen. Zusammengesetzte Verben stehen im Satz meistens getrennt.	*ab + melden* *Der Vater meldet ihn vom Unterricht ab.* *mit + nehmen* *Yusuf nimmt die Hausaufgaben mit.*
Wörter aus einer **Wortfamilie** haben den gleichen **Wortstamm**.	*halten, behalten, Inhalt, haltbar, das Verhalten*

1 **a.** Bilde zusammengesetzte Verben. Schreibe alle möglichen Verben bestehend aus einer Vorsilbe (1. Zeile) und einem Verb (2. Zeile) in deinem Heft auf.
b. Bilde Sätze mit den zusammengesetzten Verben.

Ich hole meine Schwester ab.

ab | aus | hoch | los | mit
kommen | holen | klettern | gehen | probieren

2 Ergänze den Lückentext mit passenden Verben von Aufgabe 1.

Yusuf ruft Lea an: „Ich habe eine neue Kletterausrüstung gekauft.

Heute möchte ich dich _____ und mit dir die Ausrüstung _____.

Vielleicht können wir die Kletterwand ganz _____. Möchtest du gerne

_____? Dann kann es gleich _____."

3 Ergänze die Sätze mit dem vorgegebenen Verb und passender Vorsilbe.

gehen: Ich möchte heute Abend ausgehen. Die Treppen kann ich _____.

laufen: Die Milch ist ausgelaufen. Der Hund möchte _____.

kommen: Ich kann gut mit Kindern auskommen. Willst du _____?

📖 Lea, Sven und Yusuf in der Kletterhalle

Sie haben sich zum Klettern verabredet. Zuerst holen sie ihre Kletterausrüstung. Dann wollen sie die erste Kletterwand hochklettern. Lea sagt: „Lass mich vorklettern!" Sven hält das Kletterseil fest. Als Lea oben ist, will Yusuf nachklettern.

4 Im Text sind acht Wörter der Wortfamilie -**kletter**- versteckt.
a. Finde im Text acht Wörter der Wortfamilie -**kletter**-. Markiere den Wortstamm.
b. Schreibe fünf Sätze mit Wörtern der Wortfamilie -**kletter**- in dein Heft.

Grammatik: *Die Satzglieder*

Was tut? – Das Prädikat

Was tut? – Das Prädikat

Wissen kompakt

> In einem Satz sagt uns das **Prädikat**, was jemand tut.
> Das Prädikat besteht aus einem Verb:
> *Der Löwe (verschlingt) das Fleischstück. Dann (schläft) er.*
> Mit **Was tut?** oder **Was tun?** fragen wir nach dem Prädikat.

Karina besucht den Zoo. Sie begleitet eine Tierpflegerin bei ihrem Rundgang.

1. Der Brillenpinguin taucht durch das Becken.
2. Das Pinguinpaar sammelt Nistmaterial.
3. Die Pinguine brüten in den Felshöhlen.
4. Die Giraffen schreiten über die Wiese.
5. Die Giraffe zupft Blätter von den Bäumen.
6. Das Giraffenkalb bleibt ganz nah bei seiner Mutter.

1 Karina findet es interessant, das Verhalten der Tiere zu beobachten. Was tun die verschiedenen Tiere?
  a. Schreibe die Fragen und Antworten auf.
  b. Kreise **Was tut?** und das **Prädikat** ein.

(Was tut) der Brillenpinguin?	Der Brillenpinguin (taucht) durch das Becken.
(Was tut) das Pinguinpaar?	
(Was tun) die Pinguine?	

81

Grammatik: *Die Satzglieder*

Wer oder was? – Das Subjekt

Wer oder was? – Das Subjekt

Wissen kompakt

> In einem Satz sagt uns das **Subjekt**, **wer** etwas tut.
> Das Subjekt kann eine Person, ein Tier oder eine Sache sein.
> [Karina] streichelt den Esel. [Das Fell] ist struppig.
> Mit **Wer oder was?** fragen wir nach dem Subjekt.

Im Streichelzoo schaut Karina den Tieren beim Fressen zu.

1. Das Schaf kaut Grasbüschel.
2. Die Kaninchen mümmeln* Möhren.
3. Die Ziegen streiten sich um das Futter.
4. Und die Ponys fressen Heu.
5. Das Heu liegt in der Schubkarre.
6. Die Esel sollen kein Gras fressen.
7. Karina streichelt den Esel.

*mümmeln: mit kleinen, aber schnellen Bewegungen fressen

1 a. **Wer oder was?** Beantworte die Fragen. Schreibe Sätze auf.
b. Markiere in jedem Satz das Subjekt.

Wer kaut Grasbüschel? [Das Schaf] kaut Grasbüschel.

Wer mümmelt Möhren? _____

Wer streitet sich um das Futter? _____

Wer frisst Heu? _____

Was liegt in der Schubkarre? _____

2 a. Stelle eine weitere Frage zu den Tieren.
b. Beantworte die Frage in einem Satz. Markiere das Subjekt.

82

Grammatik: *Die Satzglieder*

Wen oder was? – Das Akkusativ-Objekt

Wen oder was? – Das Akkusativ-Objekt

Wissen kompakt

> Das **Objekt** gibt uns genauere Informationen zu dem Prädikat.
> Mit **Wen oder Was?** fragen wir nach dem Akkusativ-Objekt.
> *Wen füttert die Tierpflegerin? Die Tierpflegerin füttert den Gorilla.*
> *Was frisst ein Gorilla? Ein Gorilla frisst Salat, Früchte und Blätter.*

Die Tierpflegerin zeigt Karina den Futterplan.

1 **Was** fressen die Tiere?
  a. Beantworte die Fragen. Schreibe Sätze auf.
  b. Markiere in jedem Satz das Akkusativ-Objekt.

  Was fressen die Seelöwen?

  Die Seelöwen fressen Fische und Krebse.

  Was fressen die Löwen und Tiger?

  Was fressen die Schimpansen?

2 **Wen** füttern die Besucher? **Wen** füttert der Tierpfleger?
  Wen füttert die Praktikantin?
  a. Beantworte die Fragen. Schreibe Sätze auf.
  b. Markiere in jedem Satz das Akkusativ-Objekt.

  Die Besucher füttern

83

Grammatik: *Die Satzglieder*

Die Satzglieder

Die Satzglieder

Wissen kompakt

> Die Satzglieder sind die Bausteine eines Satzes.
> **Subjekt**, **Prädikat** und **Akkusativ-Objekt** sind **Satzglieder**.
> [Der Tierpfleger] (bringt) [einen Eimer mit Fischen].

Zum Schluss besucht Karina eine Seelöwen-Vorführung.

Die Tierpflegerin
Ein Seelöwe
Die Kinder
Karina
Die Seelöwen

taucht und holt
filmt
lieben
trainiert
füttern

die Kunststücke.
Fische.
den Ball.
die Seelöwen und Pinguine.
die Seelöwen.

1 **Wer tut was** bei der Seelöwen-Vorführung?
Bilde Sätze mithilfe der Satzglieder:
Subjekt, Prädikat, Akkusativ-Objekt.
Schreibe die Sätze in die Tabelle.
Tipp: Du kannst mehrere Möglichkeiten
aufschreiben.

Wer oder was?	Was tut?	Wen oder was?
Die Tierpflegerin	*trainiert*	*die Seelöwen.*

84

Grammatik: *Die Satzglieder*

Die Satzglieder – Prädikat, Subjekt und Objekte

Die Satzglieder – Prädikat, Subjekt und Objekte

Wissen kompakt

Mit **Was tut?** oder **Was hat getan?** fragen wir nach dem Prädikat. Das Prädikat besteht aus einem Verb. Es kann auch **aus mehreren Teilen** bestehen. Sie bilden eine Klammer.

Was tut ein Artist? Ein Spieler steht in der Manege.
Was tun die Tänzerinnen? Die Tänzerinnen halten den Vorhang auf.

Mit **Wer oder was?** fragen wir nach dem **Subjekt**, das eine Person oder Sache sein kann und aus einem oder mehreren Wörtern besteht.

Wer sitzt in der Manege?
Mehrere Clowns sitzen in der Manege.
Was schließt sich?
Der Vorhang schließt sich.

Mit **Wen oder was?** fragen wir nach einem **Akkusativ-Objekt**.
Mit **Wem?** fragen wir nach einem **Dativ-Objekt**.

Wen ärgern die Clowns?
Die Clowns ärgern einen Zuschauer.
Wem gibt der Zauberer das Kaninchen?
Der Zauberer gibt ihm das Kaninchen.

1 Was machen die Kinder auf dem Bild? Bilde Sätze.
   a. Übertrage die Tabelle in dein Heft. Nimm die Seite quer.
   b. Trage die Sätze in die Felder ein.
   c. Finde noch eigene Sätze.

jonglieren | balancieren | nass spritzen | liegen | bauen | zaubernder Freund

Vorfeld	linkes Verbfeld	Mittelfeld	rechtes Verbfeld
Zwei Kinder	fahren	mit dem Einrad.	

2 Formuliere abwechslungsreiche Sätze, indem du die Satzglieder umstellst.

85

Grammatik: *Die Satzglieder*

Die Satzglieder – Prädikat, Subjekt und Objekte

Der Zirkusdirektor muss bei der Vorstellung die Kinder ankündigen.

3 **a.** Beantworte die Fragen. Schreibe die Sätze auf.
b. Markiere in jedem Satz das Subjekt.

Wer springt Trampolin?

Trampolin springt _____.

Wer balanciert über das Seil?

_____

Wer fährt mit dem Einrad?

_____

c. Bilde einen weiteren Satz anhand des Bildes und markiere das Subjekt.

_____

Frau Neumann verteilt die Requisiten.

4 **a.** Beantworte die Fragen. Schreibe die Sätze auf.
b. Markiere in jedem Satz das Dativ-Objekt.

Wem gehört die Spritzpistole?

_____

Wem gehören die Keulen?

_____

Wem gehört der Zylinder?

_____

c. Bilde einen weiteren Satz und markiere das Dativ-Objekt.

_____

Frau Lehmann hat eine Liste gemacht.

Die Akrobaten tragen schwarze Leggings und weiße T-Shirts.
Der Clown bekommt eine karierte Latzhose.
Der Zirkusdirektor benötigt einen schwarzen Anzug.
Die Seiltänzerin trägt einen weißen Rock.

5 Markiere in den Sätzen die Antworten auf die Frage Wen oder was?.

Grammatik: *Die Satzglieder*

Die Satzglieder – die adverbialen Bestimmungen

Die Satzglieder – die adverbialen Bestimmungen

Wissen kompakt

> Mit einer **adverbialen Bestimmung des Ortes** können wir ausdrücken, wo etwas geschieht. Wir fragen mit **Wo?**, **Woher?** oder **Wohin?**.
>
> Mit einer **adverbialen Bestimmung der Zeit** können wir ausdrücken, wann etwas geschieht. Wir fragen mit **Wann?** oder **Wie lange?**.
>
> *Wo steht die Zirkusband?*
> *Die Zirkusband steht auf der Empore.*
>
> *Wann dürfen die Zuschauer klatschen?*
> *Sie dürfen immer klatschen.*

Der Abend der Aufführung.

Am Freitagabend findet die Aufführung statt. Sie beginnt um 18 Uhr.
Das Programm dauert eine Stunde.

 1 a. Ergänze die Fragen und schreibe die Antworten auf.
b. Markiere die Antworten auf die Frage *Wann?* und *Wie lange?*.

Wann findet die Aufführung statt?
_____

Wann _____?
_____

Wie lange _____?
_____

Lillis Eltern sitzen schon auf der Tribüne. Frau Neumann läuft zur Musiktechnik.

2 a. Ergänze die Fragen und schreibe die Antworten auf.
b. Markiere die Antworten auf die Frage *Wo?* und *Wohin?*.

Wo _____?
_____

Wohin _____?
_____

87

Grammatik: *Satzarten und Satzzeichen*

Satzarten und Satzzeichen

Satzarten und Satzzeichen

Wissen kompakt

> Mit einem **Aussagesatz** sage ich etwas: *Ich mag Sport nicht.*
> Mit einem **Fragesatz** frage ich etwas: *Was machen wir heute?*
> Mit einem **Ausrufesatz** rufe ich etwas: *Oh, das ist cool!*
> Mit einem **Aufforderungssatz** fordere ich zu etwas auf: *Warte bitte!*
> Am Ende eines Satzes steht ein **Satzschlusszeichen**: ein Punkt (**.**),
> ein Fragezeichen (**?**) oder ein Ausrufezeichen (**!**).

Im Sportunterricht sind verschiedene Stationen aufgebaut.

- Was machen wir heute?
- Wir trainieren heute an fünf Stationen.
- Super, das macht Spaß!
- Lasst uns anfangen!
- Sollen wir zusammen üben?

1 Was sagen, fragen und rufen die Kinder und der Lehrer? ▸ Satzschlusszeichen, S. 104
Schreibe jeweils ein Beispiel auf. Markiere die Satzschlusszeichen.

Aussagesatz: _____

Fragesatz: _____

Ausrufesatz: _____

Aufforderungssatz: _____

2 a. Lies die Sätze. Ergänze die passenden Satzschlusszeichen.   **. ! ?**
b. Schreibe einen eigenen Satz in die Sprechblase.

- Lasst uns eine Pause machen ▮
- Darf ich etwas trinken ▮
- Ich freue mich auf die Pause ▮
- Aua, mein Fuß tut weh ▮

Grammatik: *Satzarten und Satzzeichen*

Satzgefüge: Sätze mit weil

Satzgefüge: Sätze mit weil

Wissen kompakt

> Ich kann Sätze mit **weil** verbinden. Das Wort **weil** begründet die vorherige Aussage. Vor **weil** steht ein Komma. Im **weil**-Satz steht das Verb am Ende:
> *Anna freut sich auf den Sponsorenlauf. Sie ist eine gute Läuferin.*
> *Anna freut sich auf den Sponsorenlauf, weil sie eine gute Läuferin ist.*

Die Klasse plant einen Sponsorenlauf*.
Die Kinder wollen das Geld dem Tierheim spenden.
Sie begründen ihre Entscheidung.

* Die Läuferinnen und Läufer suchen sich Familienmitglieder oder Freunde als Sponsoren, die für jede Runde einen kleinen Geldbetrag zahlen.

1 **Leo:** Der Sponsorenlauf ist sinnvoll, weil er das Tierheim
2 bekannter macht.
3 **Tessa:** Nach dem Lauf bin ich stolz, weil ich etwas Gutes
4 für die Tiere getan habe.
5 **Toni:** Die Mitarbeiter im Tierheim freuen sich, weil auch
6 andere Menschen an die Tiere denken.

1 Welche Begründungen nennen die Kinder?
Markiere in dem Text die **weil**-Sätze und das Komma.

Der Sponsorenlauf war ein großer Erfolg. Die Klasse wertet den Tag aus.

2 Verbinde die Sätze mit **weil**. Schreibe die Sätze in dein Heft.
Denke an das Komma und das Verb am Ende des **weil**-Satzes.

Der Werbezettel war gut.		Er informierte über unser Spendenziel.
Die Getränkestationen waren wichtig.	weil	Die Kinder konnten sich beim Laufen erfrischen.
Die Stimmung war super.		Eltern und Geschwister haben die Läuferinnen und Läufer angefeuert.

3 Schreibe einen weiteren Satz mit **weil** auf.

Wir konnten ziemlich viel Geld für das Tierheim sammeln, weil

89

Grammatik: *Satzarten und Satzzeichen*

Satzarten und Satzzeichen

Satzarten und Satzzeichen

Wissen kompakt

Es gibt **Aussagesätze**, **Fragesätze**, **Ausrufesätze** und **Aufforderungssätze**. Das Satzzeichen (Punkt, Frage- oder Ausrufezeichen) kennzeichnet das Ende eines Satzes.	*Jana ist in einer Fußballmannschaft. Möchtest du mal zum Training kommen? Los, trau dich!*
Konjunktionen, z. B. **weil** (**Begründung**) oder **wenn** (**Bedingung**), verbinden Sätze. Das konjugierte Verb steht am Ende des Nebensatzes. Vor **weil** und **wenn** steht ein **Komma**.	*Leonie möchte erst mal zuschauen, **weil** sie sich noch nicht traut. Sie möchte mitmachen, **wenn** ihr das Training gefällt.*

Auf der Klassenfahrt

Die 6. Klasse ist auf Klassenfahrt☐ Sie wohnt in der Jugendherberge☐ Die Schüler haben sich schon lange darauf gefreut☐ Elsa fragt: „Was machen wir zuerst☐" Die Lehrerin antwortet: „Wenn wir angekommen sind, beziehen wir die Betten☐" Lisa ruft: „Mir tut der Arm weh☐ Das ist für mich zu anstrengend☐ Wer hilft mir dabei☐" Elsa antwortet: „Ich kann dir gerne helfen☐" Lisa ruft: „Du bist die Beste☐"

1 a. Lies den Text und ergänze die Satzzeichen am Ende der Sätze.
b. Bestimme die Satzart. Markiere die Aussagesätze blau, die Fragesätze rot und die Ausrufe- und Aufforderungssätze grün.

2 a. Verbinde die Sätze mit weil oder wenn und schreibe sie neu auf.
b. Markiere das Verb im weil- oder wenn-Satz und setze das Komma ein.

„Ich bin mutig. Ich springe vom Turm."

„Ich trainiere alle Muskeln. Ich schwimme."

„Ich finde Schwimmen toll. Ich bin so leicht im Wasser. "

„Ich mag Schwimmen nicht. Danach muss ich die Haare trocknen."

Rechtschreiben: *Meine Strategien*

Sprechen – hören – gliedern

Sprechen – hören – gliedern

Deutlich sprechen und genau hinhören – das hilft mir beim richtigen Schreiben.

Wissen kompakt

> Ich zerlege ein **Wort in Silben**: die To-ma-ten.
> Ich spreche das Wort deutlich in Silben.
> Ich zeichne dabei **Silbenbögen** in die Luft:
> das Haus, der Tomatensaft.

 1 Schreibe die Übungswörter auf.
– Sprich jedes Wort deutlich. Zeichne dabei die Silbenbögen in die Luft.
– Schreibe das Wort auf.
– Zeichne die Silbenbögen unter das Wort.

der Käse | die Käsereibe | das Salz | die Pilze | die Salami | die Zutaten | einkaufen | ausrollen

der Käse

Die Pizzabäcker

₁ Ben und Zoe wollen | eine Pizza backen. | Sie **schreiben** eine **Einkaufsliste** |
₂ und kaufen ein. Zu Hause | rollen Ben und Zoe | den Teig aus, |
₃ **schneiden** die Tomaten | und das andere **Gemüse**. | Sie **belegen** den Boden |
₄ und backen die Pizza. | Das ist | ein super **Mittagessen**! |

 2 Im Text sind die Übungswörter blau gedruckt.
   a. Ordne diese Wörter nach Silben. Schreibe sie in die Tabelle.
   b. Zeichne die Silbenbögen unter die Wörter.

zwei Silben	drei Silben	vier Silben
		Mittagessen

Rechtschreiben: *Meine Strategien*

Nomen verlängern

Nomen verlängern

Wissen kompakt

> Wenn ich nicht hören kann, mit welchem Buchstaben ein Wort endet, verlängere ich das Wort. Bei Nomen bilde ich den Plural (die Mehrzahl).
> **t oder d?** die Wan? – die Wän**d**e, also: die Wan**d**
> **p oder b?** das Gra? – die Grä**b**er, also: das Gra**b**
> **k oder g?** der Zu? – die Zü**g**e, also: der Zu**g**

 1 **a.** Verlängere die Nomen: Lies das Wort laut. Bilde den Plural.
Schreibe jedes Nomen im Plural und im Singular (Einzahl) auf.
b. Markiere den Buchstaben, den du durch Verlängern gefunden hast.

t oder d?

der Wal? | der Elefan? | das Stirnban?

die Wäl**d**er, also: der Wal**d**

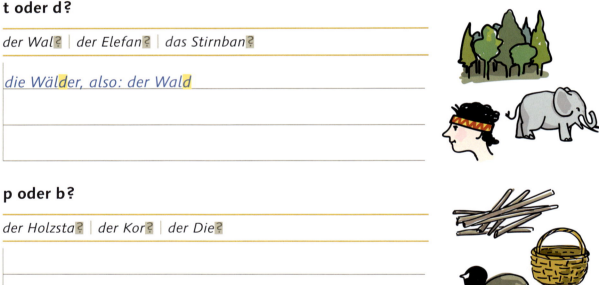

p oder b?

der Holzsta? | der Kor? | der Die?

k oder g?

das Flugzeu? | der Anzu? | der Köni?

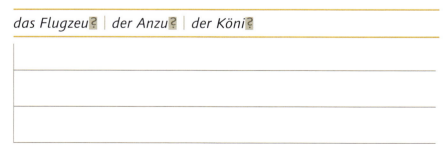

92

Rechtschreiben: *Meine Strategien*

Wörter ableiten

Wörter ableiten

Wissen kompakt

> In vielen Wörtern klingen **ä** und **e** ähnlich, **äu** und **eu** klingen gleich.
> Ich prüfe: Gibt es ein verwandtes Wort mit **a/au?** Dann schreibe ich **ä/äu**.
> **ä** oder **e**? H?nde, ein verwandtes Wort mit **a** = die H**a**nd: also die H**ä**nde
> **äu** oder **eu**? – r?men, ein verwandtes Wort mit **au** = der R**au**m, also r**äu**men

1 a. Schreibe zu folgenden Wörtern ein verwandtes Wörter mit **a** auf.
b. Markiere anschließend **a** und **ä**.

die Tennisbälle | die Erkältung | die Fahrräder | färben

die Tennisb**ä**lle   ← der B**a**ll
_____   ← _____
_____   ← _____
_____   ← _____

c. Wähle ein Wort aus. Schreibe einen Satz auf.
_____
_____

2 a. Schreibe zu folgenden Wörtern ein verwandtes Wörter mit **au** auf.
b. Markiere anschließend **au** und **äu**.

träumen | die Verkäuferin | die Kräuter | der Läufer

tr**äu**men   ← der Tr**au**m
_____   ← _____
_____   ← _____
_____   ← _____

c. Wähle ein Wort aus. Schreibe einen Satz auf.
_____
_____

93

Rechtschreiben: *Meine Strategien*

Wörter verlängern und ableiten

Wörter verlängern und ableiten

Wissen kompakt

> Wenn ich nicht genau hören kann, mit welchem Buchstaben ein Wort endet, **verlängere** ich das Wort.
>
> Bei Nomen bilde ich den **Plural** (die Mehrzahl):
> **d oder t?** der Stran? – die Strän**d**e, also: der Stran**d**.
> Adjektive verwende ich in einer **Wortgruppe**:
> **g oder k?** klu? – der klu**g**e Junge, also: klu**g**.
> Von Verben bilde ich die **Grundform**:
> **b oder p?** er to?t – to**b**en, also: er to**b**t.
>
> Bist du unsicher, ob ein Wort mit ä oder mit äu geschrieben wird? Wörter mit ä und äu kannst du von **verwandten Wörtern mit a und au** ableiten.

1 a. Verlängere die Nomen, indem du die Pluralform bildest.
    b. Ergänze den richtigen Buchstaben und schreibe beide Wörter in dein Heft.
    c. Markiere den Buchstaben, den du beim Verlängern herausgefunden hast.

*der Urlau? – die Urlau**b**e, also: der Urlau**b***

2 a. Verlängere die Adjektive, indem du mit ihnen Wortgruppen bildest.
    b. Schreibe die Wortgruppen und das Adjektiv in deinem Heft auf.
    c. Markiere den Buchstaben, den du beim Verlängern herausgefunden hast.

hal? | run? | star? | lie? | wil? | schlan?   *der hal**b**e Kuchen, also: hal**b***

3 a. Verlängere die Verben, indem du die Grundform bildest.
    b. Schreibe die Grundform und das Verb in deinem Heft auf.
    c. Markiere den Buchstaben, den du beim Verlängern herausgefunden hast.

er schrei?t | sie brin?t | er ja?t | es wir? | sie schwei?t   *schrei**b**en, also: er schrei**b**t*

4 Finde zu den Wörtern mit ä und äu in den Sätzen verwandte Wörter und schreibe sie in die Lücke. Ergänze die passenden Buchstaben.

*die H**äu**ser, denn das H**au**s*

Die R__ber rennen davon. _____

Der Schüler erh__lt einen Preis. _____

Der See gl__nzt in der Sonne. _____

Der Hals des Vogles schimmert bl__lich. _____

Rechtschreiben: *Meine Strategien*

Wortfamilien richtig schreiben

Wortfamilien richtig schreiben

Deutlich sprechen und genau hinhören – das hilft mir beim richtigen Schreiben.

Wissen kompakt

> Das hilft mir beim richtigen Schreiben:
> Wörter aus einer Wortfamilie haben den gleichen Wortstamm:
> Wortstamm **-spiel-**: das **Spiel**feld, ab**spiel**en, die **Spiel**e.

1 a. Schreibe die Wörter mit dem Wortstamm **-spiel-** aus dem Bild auf.
 b. Finde zwei weitere Wörter mit dem Wortstamm **-spiel-**.
 c. Markiere in den Wörtern den Wortstamm **-spiel-**.

*das Würfel*spiel, _____

_____

_____

(Baum mit Ästen: das Würfelspiel, der Spielplatz, mitspielen, er spielte, spielerisch, -spiel-)

2 Die folgenden Wörter gehören zu zwei Wortfamilien.

die Anschrift | das Schwimmbad | die Bademeister | beschriften | die Handschrift | schriftlich | er badet | das Schaumbad

 a. Ordne die Wörter in die Tabelle ein.
 b. Markiere den Wortstamm.

Wortfamilie -schrift-	Wortfamilie -bad-
*die An*schrift	_____
_____	_____
_____	_____
_____	_____

3 Schreibe mit einem Wort der Wortfamilie **-schrift-** und **-bad-** jeweils einen Satz in dein Heft.

Rechtschreiben: *Meine Arbeitstechnik*

Fehler finden – der Rechtschreib-Check

Fehler finden – der Rechtschreib-Check

Mit dem Rechtschreib-Check überprüfe ich, ob es Fehlerwörter gibt.
Ich wende die Strategien an, um ein Fehlerwort richtig zu schreiben.

Checkpunkt 1: Sprechen – hören – gliedern

▶ Sprechen – hören – gliedern, S. 91

Ich spreche die Wörter langsam und deutlich Silbe für Silbe.
So erkenne ich fehlende Buchstaben.

 1 In jedem der folgenden Sätze ist ein Fehlerwort rot gedruckt.
 a. Sprich das Wort Silbe für Silbe. Markiere die Fehlerstelle.
 b. Schreibe jeden Satz richtig auf.

Tom isst am liebsten Tomatnsalat.

Cindy trinkt am liebsten Bananensft.

Mein Lieblingsobst ist Anans.

Checkpunkt 2: Wörter verlängern

▶ Nomen verlängern, S. 92

t oder d?   p oder b?   k oder g?

Wenn ich nicht hören kann, mit welchem Buchstaben ein Wort endet,
verlängere ich das Wort. Bei Nomen bilde ich den Plural (die Mehrzahl).

2 In jedem der folgenden Sätze ist ein Fehlerwort rot gedruckt.
 a. Verlängere das Wort. Bilde den Plural.
 b. Schreibe jeden Satz richtig auf.

Henry malt ein schönes Bilt. *die Bilder → das Bild*

Der Kommissar soll den Diep finden.

Am Nachmittak spielen wir Fußball.

Rechtschreiben: *Meine Arbeitstechnik*

Fehler finden – der Rechtschreib-Check

Checkpunkt 3: **Wörter ableiten** ▶ Wörter ableiten, S. 93

In vielen Wörtern klingen **ä** und **e** ähnlich, **äu** und **eu** klingen gleich.
Wenn ich ein verwandtes Wort mit **a/au** finde, dann schreibe ich **ä/äu**.

3 In jedem der folgenden Sätze ist ein Fehlerwort rot gedruckt.
  a. Leite das Wort ab.
  b. Schreibe jeden Satz richtig auf.

Amina möchte in viele Lender reisen.   *das Land → die Länder* _____

Die Beckerei ist geöffnet. _____

Wir müssen das Aquarium seubern. _____

Nun kannst du einen Text mithilfe der Checkpunkte überprüfen.

4 Der folgende Text enthält fünf Fehlerwörter.
  a. Sieh dir die markierten Fehlerwörter genau an.
     Überprüfe sie mithilfe der Checkpunkte.
  b. Schreibe den Text richtig auf.

Im Schnee

Achtung: Fehler!

1. Lisa fehrt | in die Ferien. | (Checkpunkt 3)
2. Die Familie macht | einen Winterurlaup. | (Checkpunkt 2)
3. Am hellblauen Himml | scheint die Sonne. | (Checkpunkt 1)
4. Auf dem Berk | liegt viel Schnee. | (Checkpunkt 2)
5. Die Beume sind | ganz weiß. | (Checkpunkt 3)

97

Rechtschreiben: *Meine Strategien*

Wortfamilien richtig schreiben

Wortfamilien richtig schreiben

Wissen kompakt

> Wörter aus einer **Wortfamilie** haben den gleichen **Wortstamm**. Dieser wird in der Regel gleich geschrieben. Die folgenden Wörter gehören zu einer Wortfamilie:
> *die Fassung, anfassen, fassungslos, verfassen, die Verfassung, unfassbar …*

1 Schreibe die Wörter der Wortfamilie aus dem Bild auf.
  a. Ordne die Wörter nach Wortarten. Schreibe vor jedes Nomen den bestimmten Artikel.
  b. Markiere jeweils den Wortstamm.
  c. Findest du weitere Wörter mit dem Wortstamm **-farb-**?
  Tipp: Du kannst auch in einem Wörterbuch nachschlagen.

Nomen: *der Farbeimer*

Verben: _____

Adjektive: _____

2 Bilde Verben der Wortfamilie setzen.

ein- | ab- | auf- | aus-

  a. Schreibe sie nacheinander auf.

  b. Setze das passende Verb ein. Bilde die passenden Verbformen.
  Tipp: Lies erst alle Sätze einmal durch.

  Die Spieler auf der Ersatzbank wurden beim Spiel nicht mehr _____.

  Um den Text zu lesen, muss sie sich die Brille _____.

  Beim Spiel „Mau-Mau" musste er andauernd _____.

  Das sieht zu komisch aus! Du solltest den lustigen Hut lieber _____.

98

Rechtschreiben: *Meine Arbeitstechnik*

Fehler finden – der Rechtschreib-Check

Fehler finden – der Rechtschreib-Check

Mit dem Rechtschreib-Check kannst du selbstständig überprüfen, ob du die Rechtschreibstrategien richtig angewendet hast. Hier findest du drei der fünf Checkpunkte:

Checkpunkt 2: Wörter verlängern
Wenn ich nicht genau hören kann, mit welchem Buchstaben das Wort endet, verlängere ich das Wort. Bei Nomen bilde ich dann die Mehrzahl (den Plural). Adjektive verwende ich in Wortgruppen. Bei Verben finde ich die Grundform (Infinitiv). Zusammensetzungen trenne ich und verlängere die einzelnen Wörter.

Checkpunkt 3: Wörter ableiten
In vielen Wörtern klingen **ä** und **e** ähnlich, **äu** und **eu** klingen gleich. Wörter mit **ä** und **äu** leite ich mir von verwandten Wörtern mit **a** oder **au** ab.

Checkpunkt 5: Wortfamilien richtig schreiben
Wörter aus einer Wortfamilie haben oft den gleichen Wortstamm. Finde andere Wörter aus der Wortfamilie, die du sicher schreiben kannst. Prüfe, ob das Wort eine Vor- oder eine Nachsilbe hat.

 1 In den Sätzen sind einige Wörter hervorgehoben. Es sind Fehlerwörter.
   a. Überprüfe die Sätze mit den angegebenen Checkpunkten.

> **Checkpunkt 2:** Der _Berkführer_ erklärt der Wandergruppe die heimische Tierwelt.
> **Checkpunkt 3:** Die schwarze Katze _leuft_ über die Straße.
> **Checkpunkt 5:** Wenn der Bus an einer Haltestelle bremst, muss man sich _festhallten_.

   b. Schreibe die Sätze fehlerfrei in dein Heft.

2 Der folgende Text enthält vier Rechtschreibfehler, die markiert sind.

Anna _fehrt_ mit ihren Eltern in die Ferien nach Spanien. Die Familie freut sich auf den Sommerurlaub. Anna ist am liebsten den ganzen Tag am _Strant_, ihre Mama möchte viele schöne, alte _Gebeude_ besichtigen und durch die vielen kleinen Läden schlendern. Annas Vater freut sich auf das _spannische_ Essen. Alle hoffen auf gutes Wetter.

   a. Schreibe die Fehlerwörter richtig auf. Notiere dahinter in Klammern die Nummer des verwendeten Checkpunkts.

   _fährt_____ (Checkpunkt _3: Wörter ableiten_)
   _____ (Checkpunkt _____)
   _____ (Checkpunkt _____)
   _____ (Checkpunkt _____)

   b. Schreibe dann den Text fehlerfrei in dein Heft.

99

Rechtschreiben: *Meine Trainingseinheiten*

Zusammengesetzte Nomen, wörtliche Rede

Zusammengesetzte Nomen, wörtliche Rede

Wissen kompakt

> Aus zwei Nomen kann ich ein neues Nomen bilden.
> Das **zusammengesetzte Nomen** hat den Artikel des zweiten Nomens.
> Nomen schreibe ich groß: ***das Öl + der Wechsel = der Ölwechsel***.
>
> **Wörtliche Rede** setze ich in **Anführungszeichen**:
> *Mia sagt: „Ich gehe heute ins Kino." „Ich komme mit", ruft Paul.*

📖 Ein Tag im Betrieb

1 Kims **Traumberuf** | ist **Automechanikerin**. |
2 Sie verbringt den Girls'Day | in der Autowerkstatt Müller. |
3 Sie darf | beim **Reifenwechsel** zusehen | und sogar **Radkappen** |
4 anbringen. | Abends fragt Kims Mutter | nach dem **Arbeitstag**. |
5 Kim erzählt: | „Es war total spannend!" | „Vielleicht wird das |
6 einmal dein **Ausbildungsberuf**", | meint die Mutter. |

✏ **1** Im Text sind einige zusammengesetzte Nomen blau gedruckt.
Schreibe die Nomen mit den Artikeln auf.
Achte auf die Großschreibung.

▶ Zusammengesetzte Nomen, S. 76

der Traumberuf,

✏ **2** Im Trainingstext findest du wörtliche Rede.
Schreibe die wörtliche Rede auf. Achte auf die Satzzeichen. „_____"

Kim erzählt:

meint die Mutter.

✏ **3** Schreibe den Text *Ein Tag im Betrieb* in dein Heft.

100

Rechtschreiben: *Meine Trainingseinheiten*

Zusammengesetzte Nomen, wörtliche Rede

Zusammengesetzte Nomen, wörtliche Rede

Wissen kompakt

> Ein **zusammengesetztes Nomen** ist ein neu gebildetes Nomen aus zwei eigenständigen Wörtern, dabei kann es sich um **Nomen + Nomen** (*der Garten + die Hütte = die Gartenhütte*) oder **Adjektiv + Nomen** (*hoch + das Haus = das Hochhaus*) handeln. Das letzte Wort ist das **Grundwort** und bestimmt den Artikel. Das erste Wort ist das **Bestimmungswort** und erklärt die Bedeutung genauer.
>
> Die **wörtliche Rede** steht immer in **Anführungszeichen** („…").
> Steht der **Begleitsatz vorn**, wird er mit einem **Doppelpunkt** abgeschlossen:
> *Er sagte: „Ich bin froh."*
> Steht der **Begleitsatz hinten**, dann wird zwischen wörtlicher Rede und Begleitsatz ein **Komma** gesetzt: *„Ich bin froh", sagte er.*

Ein Tag auf der Kinderstation

Tarik besuchte | am Boys'Day die **Kinderstation**. | Er wollte wissen, | ob ihm die Pflege | von Patienten gefallen würde. | Sofort hatte er | einiges zu tun. | Er musste | mit einer Pflegerin | die Betten machen. | Dazu gab es | neue **Bettlaken** und neue **Bettbezüge**. | Später holte er | aus der Küche im **Neubau** | das **Frühstück** für die **Kleinkinder**. | Es gab **Graubrot** mit Wurst. | Einige Kinder | mochten das nicht. | „Probiert wenigstens | einen Bissen", | bettelte Tarik. | Aber das nutzte nichts. | Da griff Tarik | zu einem Trick. | Er holte eine **Ketchupflasche** | aus dem **Kühlschrank**. | „Jetzt dürft ihr | lustige Gesichter | auf die **Wurstscheiben** malen", | sagte er. | Dazu servierte er | etwas **Rohkost**. | Im Nu | waren die Brote verputzt.

1 Im Text sind einige Zusammensetzungen markiert.
    a. Schreibe die Zusammensetzungen Nomen + Nomen mit Artikel auf.
    b. Zerlege die Zusammensetzungen Adjektiv + Nomen in die Bestandteile.

Nomen + Nomen: *die Kinderstation,*

Adjektiv + Nomen: *der Neubau = neu + der Bau,*

2 Bilde aus den Nomen und Adjektiven Zusammensetzungen. Schreibe in dein Heft.

klein | bunt | schnell | der Garten | das Papier | die Bahn

3 Ergänze in folgenden Sätzen die Satz- und Redezeichen.

Tarik erzählte Ich habe sehr viel gearbeitet
Am Nachmittag war ich ganz schön geschafft sagte Tarik

Rechtschreiben: *Meine Trainingseinheiten*

Verben werden zu Nomen, Komma bei Aufzählungen

Verben werden zu Nomen, Komma bei Aufzählungen

Wissen kompakt

> Aus **Verben** können **Nomen** werden. Die Signalwörter **das**, **beim** und **zum** weisen mich auf diese Nomen hin. Nomen schreibe ich groß:
> *das Arbeiten, beim Lesen, zum Lachen.*
>
> Wenn ich **Wörter oder Wortgruppen aufzähle**, trenne ich sie durch ein **Komma** voneinander ab. Vor **und/oder** steht kein Komma:
> *Der Film war gut, lang, spannend und lustig.*

📖 **Welches ist das größte Buch der Welt?**

1 Tom findet | Rekorde spannend, | interessant und verrückt. |
2 Er möchte wissen, | welches das größte Buch | der Welt ist. |
3 **Das Suchen** im Internet | macht viel Spaß. | Tom findet |
4 **beim Recherchieren** | viele Antworten. | Ein Beispiel ist: |
5 Das vermutlich | größte Buch der Welt | ist neun Meter hoch, |
6 sieben Meter breit | und unheimlich schwer. | Tom fragt sich, |
7 wie viele Leute man | **zum Umblättern** der Buchseiten braucht. |

1 Im Text findest du Nomen, die aus Verben entstanden sind.
  a. Schreibe die Nomen mit den Signalwörtern **das**, **beim**, **zum** auf.
  b. Markiere die Großbuchstaben.

  das Suchen,

2 Bilde Nomen aus den folgenden Verben: **lesen**, **spielen**, **essen**.
  Schreibe die Nomen mit den Signalwörtern **das**, **beim** oder **zum** auf.

3 Im Text findest du zwei Aufzählungen.
  Unterstreiche die Aufzählungen und markiere die Kommas.

4 Setze in den folgenden Sätzen die Kommas.

1 Tom liest gern Comics Krimis fantastische Jugendbücher
2 und Sachbücher über Tiere. Beim Lesen beim Aufräumen
3 und vor dem Schlafen hört er Musik.

102

Rechtschreiben: *Meine Trainingseinheiten*

Verben werden zu Nomen, Komma bei Aufzählungen

Verben werden zu Nomen, Komma bei Aufzählungen

Wissen kompakt

> Aus **Verben** können **Nomen** werden. Der Artikel **das** und die Wörter **zum**, **beim** und **vom** machen aus Verben Nomen:
> *lesen – Ich liebe das Lesen. / Ich komme heute nicht zum Lesen. / Stör mich nicht beim Lesen! / Ich habe vom Lesen Kopfweh.*
>
> Die Wörter einer **Aufzählung** werden durch Kommas voneinander getrennt.
> Das letzte Glied einer Aufzählung kann durch **und** bzw. **oder** angehängt werden.
> Vor und/oder steht kein Komma: *Der Film war gut, lang, spannend **und** aufregend.*

Das schwerste Buch der Welt?

Ein ganz schweres Buch | ist das „Spürnasenbuch". | Es ist 5,50 Meter dick | und wiegt | ungefähr so viel | wie drei erwachsene Männer. | Viele Schülerinnen und Schüler | haben sich Geschichten ausgedacht. | **Beim** Schreiben hatten sie | gute Ideen, Gedanken und Einfälle. | Aber **vom** Nachdenken | haben einige | sicher Kopfschmerzen bekommen. | Doch **das** Lesen, Schreiben, | Blättern oder Vorlesen | machte ihnen | sehr viel Freude. | Und alle haben gelernt, | dass man **zum** Arbeiten | auch Geduld braucht. | Die Aktion der „Stiftung Lesen" | sollte Kinder und Jugendliche | für Bücher begeistern.

1 Wer hat die Aktion veranstaltet? Schreibe deine Antwort in einem Satz auf.

2 Im Trainingstext sind die Signalwörter **das**, **zum**, **beim** und **vom** markiert.
    a. Verwende diese Signalwörter und mache aus den folgenden Verben Nomen.
    b. Unterstreiche das Signalwort und markiere den Großbuchstaben.

    fahren: *das Fahren,*

    reden: *das Reden,*

3 Mache aus dem Verb **lachen** ein Nomen. Schreibe einen Satz mit dem neuen Nomen auf.

4 Finde im Text die beiden Aufzählungen.
    a. Schreibe die Sätze mit den Aufzählungen in dein Heft.
    b. Unterstreiche die Aufzählungen und markiere die Kommas.

Rechtschreiben: *Meine Trainingseinheiten*

Wörter mit ie, Satzschlusszeichen

Wörter mit ie, Satzschlusszeichen

Wissen kompakt

> Fast alle Wörter mit einem lang gesprochenen **i** schreibe ich mit **ie**:
> *die Fliege, wieder, reparieren, niedlich.*
>
> Ich beende einen **Aussagesatz** mit einem **Punkt**: *Ich gehe zum Flugplatz.*
> Ich beende einen **Fragesatz** mit einem **Fragezeichen**: *Kommst du mit?*
> Ich beende einen **Ausrufesatz** mit einem **Ausrufezeichen**: *Das ist doch klar!*

📖 Fliegen wie ein Vogel

1 Wusstest du, | dass die Menschen | immer schon |
2 gerne fliegen wollten? | Früher ging das aber nur |
3 in der Fantasie. | Vor etwa 125 Jahren | wurden die ersten
4 Flugzeuge | gebaut. | Am Anfang | passierten oft Unfälle. |
5 Heute ist das Fliegen | für viele Menschen | selbstverständlich. |
6 Aber so empören sich | immer mehr Menschen: |
7 Die Fliegerei ist auch | eine riesige Umweltbelastung! |

1 Im Text sind die Wörter mit **ie** blau gedruckt.
Schreibe die Wörter mit **ie** auf. Ergänze bei den Nomen die Artikel.

die, fliegen,

2 a. Im Text findest du einige Aussagesätze. Markiere die Punkte.
b. Im Text findest du auch einen Fragesatz und einen Ausrufesatz.
Markiere das Fragezeichen und das Ausrufezeichen.

3 Setze die fehlenden Satzschlusszeichen ein.

▶ Satzarten und Satzzeichen, S. 88

Weshalb träumen die Menschen vom Fliegen▢

. ! ?

Ein Motto der Piloten lautet: Pass bloß auf▢

Die Brüder Wright flogen im Jahr 1903 zum ersten Mal mit ihrem selbst

gebauten Motorflugzeug▢

4 Schreibe den Text *Fliegen wie ein Vogel* in dein Heft.

Rechtschreiben: *Meine Trainingseinheiten*

Adjektive werden zu Nomen, Komma bei dass

Adjektive werden zu Nomen, Komma bei dass

Wissen kompakt

> Aus **Adjektiven** können **Nomen** werden. Die Signalwörter **etwas** und **nichts** machen Adjektive zu Nomen:
> gut – etwas **G**utes / Ich habe etwas **G**utes gegessen.
>
> Vor dem Wort **dass** steht immer ein **Komma**: Ich glaube, **dass** sie kommt.

In der Pause

In der Pause | spielen die Schülerinnen und Schüler miteinander. | Das ist etwas Schönes. | Furkan ist noch nicht lange | an der Schule. | Er erinnert sich, | dass an seiner alten Schule | in den Pausen | meistens nur | gechattet wurde. | Deshalb ist das | für ihn etwas Neues. | Der Junge findet | das gut. | Er wundert sich nur, | dass beim Spielen | bisher nichts Schlimmes | passiert ist. | Bald ist | die Pause beendet. | Es geht | zum Unterricht. | Furkan hofft, | dass er etwas Spannendes | lernen kann.

1 Was findet Furkan an der neuen Schule gut? Schreibe einen Satz auf.

2 Im Text findest du vier Adjektive, die zu Nomen wurden. Sie sind markiert. Unterstreiche im Text die Signalwörter und markiere den Großbuchstaben.

3 Bilde Nomen aus folgenden Adjektiven. Verwende dabei die Signalwörter **etwas** und **nichts**.

etwas Süßes, etwas Neues, _____   *süß, neu, interessant, lieb, gesund*

4 Unterstreiche die drei dass-Sätze im Text und markiere die Kommas.

5 Bilde eigene dass-Sätze mit den folgenden Satzanfängen.

Ich weiß, dass _____ .

Sie hofft, dass _____ .

Wir wünschen dir, dass _____ .

Er glaubt, dass _____ .

6 Schreibe den Text In der Pause ab. Schreibe in dein Heft.

105

Rechtschreiben: *Meine Trainingseinheiten*

Wörter mit ver-, Komma bei als

Wörter mit ver-, Komma bei als

Wissen kompakt

> Mit **ver-** kann ich neue Wörter bilden: *sprechen – versprechen.*
>
> Beginnt ein Satz mit **als**, folgt nach dem Verb ein **Komma**:
> **Als** *Samson zu Besuch kam,* *freuten wir uns.*

📖 Ein Fall für Kommissar Kuno

1 **Als** Kommissar Kuno | den Tatort sieht, | ist er **verwundert**. |
2 Keine Einbruchsspuren! | Der Kommissar | befragt Frau Kruse: |
3 „Was **vermissen** Sie denn?" | Sie ruft **verzweifelt**: |
4 „Mein goldenes Armband! | **Als** ich heute Morgen |
5 aus dem Haus ging, | lag es noch hier | auf der Kommode." |
6 Der Kommissar überlegt: | „Wer hat alles | einen Schlüssel |
7 für das Haus?" | Frau Kruse sagt: | „Meine Tochter und |
8 mein Schwiegersohn. | Auch mein Enkel." |
9 Der Kommissar beschließt, | diese Personen zu **verhören**. |

1 a. Im Text findest du Wörter mit **ver-**. Markiere sie.
b. Schreibe die Wörter auf.

verwundert,

2 Bilde mit **ver-** neue Wörter und schreibe sie auf.

ver- + *brennen | raten | folgen | schließen | ändern*

verbrennen,

3 a. Im Text stehen Sätze mit **als**. Markiere **als** und das Komma.
b. Schreibe einen Satz mit **als** aus dem Text ab.

Als ▨▨▨, ▨▨▨.

4 Schreibe den Text *Ein Fall für Kommissar Kuno* in dein Heft.

Rechtschreiben: *Meine Trainingseinheiten*

Wörter mit ver-, er-, Komma bei als

Wörter mit ver-, er-, Komma bei als

Wissen kompakt

> Mit den Vorsilben **ver-** und **er-** kannst du neue Wörter bilden:
> suchen – versuchen, ersuchen.
>
> Das Wort **als** leitet einen Nebensatz ein. Der Nebensatz wird durch **Komma** vom Hauptsatz getrennt:
> **Als** wir ankamen, trafen wir die Freunde.

Ein Fall für Kommissar Kuno

Als der Kommissar | Tochter Else | nach dem verschwundenen Armband | ihrer Mutter fragte, | errötete sie | vor Aufregung: | „Wann haben Sie | das Haus verlassen?" | „So gegen 08:00 Uhr, | mein Chef erwartet mich | um 08:30 Uhr." | Verwundert | schaute Kommissar Kuno | der Tochter in die Augen. | „Weshalb ist sie | nur so nervös?", | dachte er, | „wenn ihr Chef | das Alibi bestätigt, | kommt sie als Täterin | nicht infrage." | „Ich muss | noch etwas erklären", | flüsterte Else, | „ich war gar nicht | um 08:30 Uhr im Büro, | sondern erst um 09:00 Uhr. | Vor der Haustür | traf ich | unsere Nachbarin. | Wir haben geredet | und ich habe mich verspätet. | Als ich schließlich ging, | war Mutter | noch im Haus."

1 Weshalb kam Else als Täterin nicht infrage? Schreibe einen Satz auf.

2 Im Text sind die Wörter mit den Vorsilben **er-** und **ver-** markiert.
Schreibe die Wörter in der Grundform (im Infinitiv) in dein Heft und markiere die Vorsilben.

3 Bilde mit den Vorsilben **er-** und **ver-** neue Wörter und schreibe sie in dein Heft.

| -tragen | -ziehen | -legen | -geben | -stellen | -lassen | -kennen |

4 Im Text findest du zwei Sätze mit als.
  a. Schreibe die beiden Sätze auf, markiere als und die Kommas.
  b. Schreibe einen eigenen Satz mit als auf.

5 Schreibe den Text Ein Fall für Kommissar Kuno ab. Schreibe in dein Heft.

Rechtschreiben: *Meine Trainingseinheiten*

Wörter mit Doppelkonsonanten, Komma bei wenn

Wörter mit Doppelkonsonanten, Komma bei wenn

Wissen kompakt

> Nach einem kurzen Vokal folgen oft zwei gleiche Konsonanten.
> Sie heißen **Doppelkonsonanten**: *die Hülle, die Gruppe, sie rannten, still.*
>
> Beginnt ein Satz mit **wenn**, folgt nach dem Verb ein **Komma**:
> *Wenn ich großen Durst habe, trinke ich Leitungswasser.*

📖 Liebe Eltern,

1 die sechsten Klassen | planen für Freitag, | den 25. Mai, |
2 einen Spielenachmittag. | Bei gutem Wetter | bieten wir |
3 auf dem Schulhof | Wettspiele an. | Wenn es regnet, | finden
4 die Spiele | in der Sporthalle statt. | Für alle Gäste | gibt es
5 zu essen und zu trinken. | Wir freuen uns | auf Ihr Kommen! |
6 Mit freundlichen Grüßen |
7 Ihre Klasse 6 b |

1 Im Text sind Wörter mit Doppelkonsonanten blau gedruckt.
  a. Lies diese Wörter deutlich. Achte auf den kurzen Vokal.
  b. Setze einen Punkt unter den kurzen Vokal.
  ✏ **c.** Schreibe einige Wörter auf und markiere die Doppelkonsonanten.

  *die Kla**ss**en,*

✏ **2 a.** Im Text findest du einen Satz mit **wenn**. Schreibe ihn auf.   Wenn ▬▬, ▬▬.
  b. Markiere **wenn** und das Komma.

✏ **3 a.** Ergänze die **wenn**-Sätze. Schreibe sie in dein Heft.
  b. Markiere **wenn** und das Komma.

  Wenn die Ferien beginnen, … | Wenn du willst, …

✏ **4** Schreibe den Brief Liebe Eltern in dein Heft.

Rechtschreiben: *Meine Trainingseinheiten*

Wörter mit Doppelkonsonanten, Komma bei wenn

Wörter mit Doppelkonsonanten, Komma bei wenn

Wissen kompakt

> Nach einem kurzen Vokal im Wortstamm folgen oft doppelte Konsonanten:
> *die Kartoffel, die Brille, das Zimmer.*
>
> Das Wort **wenn** leitet einen Nebensatz ein. Der Nebensatz wird durch **Komma** vom Hauptsatz getrennt: *Wir freuen uns, wenn sie kommen.*

Brief an die Eltern

Liebe Eltern, |
die Klasse 6 d | möchte im Mai | eine Klassenfahrt machen. | Die Fahrt | ist nicht billig. | Daher laden wir Sie | zu einem Informationsabend | in unser Klassenzimmer ein. | Wir stellen Ihnen | die Fahrt vor | und beantworten | interessierte Fragen. | Natürlich freuen wir uns | auch über | eine Aufbesserung unserer Kasse. | Die Veranstaltung | beginnt am Mittwoch, | den 23.03., | um 19:00 Uhr. | Der Abend | wird ein Erfolg, | wenn möglichst | viele von Ihnen kommen. |
Mit freundlichen Grüßen |
Ihre Klasse 6 d und die Klassenlehrerin

1 a. Markiere im Text die elf Wörter mit Doppelkonsonanten.
   b. Kennzeichne die kurzen Vokale mit einem Punkt.
      Unterstreiche die Doppelkonsonanten.

2 Bei einigen Wörtern gibt es eine besondere Pluralbildung.
   a. Schreibe den Plural zu folgenden Nomen auf.
   b. Kennzeichne die kurzen Vokale mit einem Punkt.
      Unterstreiche die Doppelkonsonanten.

die Freundin | die Verkäuferin | die Polizistin | die Ärztin | die Nachbarin

die Freundin – die Freundinnen,

3 Finde im Text das Satzgefüge mit wenn.
   a. Schreibe den Satz auf.
   b. Markiere wenn und das Komma.

4 Schreibe den Trainingstext Brief an die Eltern ab. Schreibe in dein Heft.

109

Rechtschreiben: *Meine Trainingseinheiten*

Wörter mit ck, Komma bei Datumsangaben

Wörter mit ck, Komma bei Datumsangaben

Wissen kompakt

Folgt nach einem kurz gesprochenen Vokal (Selbstlaut) ein **k**, schreibe ich **ck**: *abschicken, drücken, die Decke, der Bäcker, das Glück.*

Zwischen **Wochentag und Datum** oder **Ort und Datum** steht ein **Komma**: *Montag, den 23.09.2019   Freitag, 11.12.2020   Neustadt, den 02.05.2021*

📖 **Die Klasse 6a schreibt einen Brief an den Schulleiter.**

1 Waldhausen, den 01.04.2020 |
2 Sehr geehrter Herr Müller, |
3 wir haben ein großes Problem | mit unseren Toiletten. |
4 Sie sind oft schmutzig. | In den Waschbecken | liegt Papier |
5 und anderer Dreck. | Wir dürfen die Toiletten | eigentlich nur |
6 in den Pausen benutzen. | Aber häufig | können wir die Tür |
7 nicht öffnen, | weil ältere Schüler | sie von innen zudrücken. |
8 Erst am Dienstag, den 19.03. | wurden Kinder weggeschickt, |
9 obwohl sie zur Toilette mussten. | Bitte helfen Sie uns! |
10 Mit freundlichen Grüßen |
11 Ihre Klasse 6a |

1 Im Text sind Wörter mit **ck** blau gedruckt.
Lies die Wörter deutlich. Setze einen Punkt unter den kurzen Vokal.

✏️ **2** a. Schreibe die Wörter mit **ck** aus dem Text auf.
Schreibe die Nomen mit den Artikeln und die Verben in der Grundform auf.
b. Markiere in jedem Wort das **ck**.

das Waschbecken,

✏️ **3** Im Text findest du zwei Datumsangaben.
Schreibe sie auf. Markiere das Komma.

_____, den _____

110

Rechtschreiben: *Meine Trainingseinheiten*

Wörter mit ck und tz, Komma bei Datumsangaben

Wörter mit ck und tz, Komma bei Datumsangaben

Wissen kompakt

> Nach einem kurzen Vokal oder Umlaut im Wortstamm schreibt man **ck** und **tz**:
> *das Glück, frühstücken – die Katze, plötzlich.*
>
> Schreibt man in einem Text ein Datum, steht zwischen Wochentag und Datum ein Komma: *Montag, den 21.01.2019; Freitag, 11.12.2020.*

Brief an den Schulausschuss

Sehr geehrte Frau Schiller, | Dienstag, 17.12.2019
als Mitglied des Schulausschusses | unserer Stadt | können Sie | uns bestimmt helfen. |
Das Pflaster | auf unserem Schulhof | ist alt und zerbröckelt. | Dicke Stücke | liegen
lose herum. | Erst am Freitag, | den 13.12.2019 | ist ein Schüler | plötzlich gestolpert |
und hat sich | am Rücken verletzt. | Es wäre schön, | wenn wir | den Schulplatz |
bald wieder | zum Spielen | benutzen könnten. |
Mit freundlichen Grüßen |
Kevin Kühn, Schüler der 6b

1   Im Text sind vier Wörter mit **ck** und vier Wörter mit **tz** markiert.
    a. Schreibe die Wörter auf.
    b. Ergänze bei jeweils zwei Wörtern ein verwandtes Wort mit **ck**.
    c. Kennzeichne alle kurzen Vokale mit einem Punkt.
    d. Finde weitere Wörter mit **ck** und **tz** und schreibe sie dazu.

ck: *zerbröckelt – bröckeln,* _____

tz: _____

2   **a.** Im Text findest du eine Datumsangabe. Markiere sie und unterstreiche das Komma.
    b. Setze die Kommas in folgenden Datumsangaben.

    Mittwoch 10.06.2020   Dienstag 10.03.2020

3   Schreibe den Trainingstext Brief an den Schulausschuss ab. Schreibe in dein Heft.

Wissen kompakt

Die Wortarten im Überblick

Nomen (Namenwort)

Nomen bezeichnen **Lebewesen** (Menschen, Tiere, Pflanzen) und **Gegenstände**. Nomen bezeichnen auch **gedachte oder vorgestellte Dinge**.

Vor einem Nomen steht oft ein **bestimmter Artikel** (der, das, die) oder ein **unbestimmter Artikel** (ein, ein, eine).

Fast alle Nomen können im **Singular (Einzahl)** und im **Plural (Mehrzahl)** stehen.

Nomen erscheinen in Sätzen immer in einem bestimmten **Kasus (Fall)**. Im Deutschen gibt es vier Fälle. Der **Artikel** und die **Endung** des Nomens **richten sich nach dem Fall**.

der/ein Erfinder – die Erfinder
das/ein Fahrzeug – die Fahrzeuge
die/eine Sportart – die Sportarten

Kasus (Fall)	Maskulinum (männlich)	Neutrum (sächlich)	Femininum (weiblich)
Nominativ (wer oder was?)	der Trainer	das Glück	die Luft
Genitiv (wessen?)	des Trainers	des Glücks	der Luft
Dativ (wem?)	dem Trainer	dem Glück	der Luft
Akkusativ (wen oder was?)	den Trainer	das Glück	die Luft

Pronomen (Fürwort)

Personalpronomen (persönliche Fürwörter) können wir **für Lebewesen, Gegenstände oder gedachte Dinge einsetzen**. Personalpronomen helfen dabei, häufige Wiederholungen von Nomen zu vermeiden. Sie werden im Satz wie die Nomen dekliniert (gebeugt).

Possessivpronomen (besitzanzeigende Fürwörter) sagen, **wem** etwas gehört. Die **Endungen** der Possessivpronomen richten sich nach dem dazugehörigen **Nomen**.

ich – du – er – sie – es – wir – ihr – sie

Wir haben einen guten Trainer.
Er gibt tolle Kurse. Ich finde ihn nett.

mein Verein, unsere Ferien, deine Eltern

der/das → mein, dein, sein/sein/ihr, unser, euer, ihr

die/die → meine, deine, seine/seine/ihre, unsere, eure, ihre

Adjektiv (Eigenschaftswort)

Mit Adjektiven können wir Lebewesen und Gegenstände genauer **beschreiben**. Adjektive sagen, **wie** etwas ist.

Steht das Adjektiv vor einem Nomen, verändert sich die Endung.

Adjektive können wir **steigern**. So können wir beschreiben, wie sich Lebewesen oder Gegenstände unterscheiden.

neu, ruhig
ein ruhiger See, der ruhige See
Ich sehe den ruhigen See.
Das Boot liegt auf dem ruhigen See.

Grundform	Komparativ (1. Steigerungsform)	Superlativ (2. Steigerungsform)
(so) neu (wie)	neuer (als)	am neuesten

D wie Deutsch

Das Arbeitsheft Basis mit zusätzlicher Förderung

Lösungen

Seite 6

1 a. *blau eingekreist:*
Ich bin für ein Aquarium in der Pausenhalle.
Ich finde ein Aquarium gut, weil es die Pausenhalle verschönert.
Ich bin für ein Aquarium, weil ich mich für Wasserpflanzen interessiere.

1 b. *rot eingekreist:*
Ich bin gegen ein Aquarium, weil Fische langweilige Tiere sind.
Ich bin auch gegen ein Aquarium.

2 und 3
Ich finde ein Aquarium gut, weil es die Pausenhalle verschönert.
Ich bin für ein Aquarium, weil ich mich für Wasserpflanzen interessiere.
Ich bin gegen ein Aquarium, weil Fische langweilige Tiere sind.

Seite 7

4 *Beispiel für eine Lösung:*

Ich bin für ein Aquarium,	weil ich gerne Fische beobachte.
Ich möchte ein Aquarium in der Pausenhalle,	weil sich in den Ferien keiner darum kümmern kann.
Ich finde ein Aquarium super,	weil es keiner sauber machen will.
Ich bin gegen ein Aquarium in der Pausenhalle,	weil wir einiges über Fische, Schnecken und Krebse lernen können.
Meiner Meinung nach ist ein Aquarium keine gute Idee,	weil die Fische krank werden können.
Ich finde ein Aquarium nicht gut,	weil Fische bei Stress und Hektik beruhigend wirken.

5 *Beispiel für eine Lösung:*
Ich bin für ein Aquarium, weil Fische bei Stress und Hektik beruhigend wirken.

6 *Beispiel für eine Lösung:*
Ich bin gegen ein Aquarium, weil es keiner sauber machen will.

Seite 8

1 a. *blau unterstrichen:*
Ich finde einen Teich im Schulgarten super.
Ich bin für einen Schulteich, weil er Libellen und andere Insekten anlockt.
Ich finde einen Schulteich gut, weil er für alle Klassen interessant ist.

1 b. *rot unterstrichen:*
Einen Schulteich finde ich überflüssig.
Ich meine, dass ein Schulteich keine gute Idee ist. Ich bin gegen einen Teich, weil kleine Kinder hineinfallen könnten.

2 und 3
Ich bin für einen Schulteich, weil er Libellen und andere Insekten anlockt.
Ich finde einen Schulteich gut, weil er für alle Klassen interessant ist.
Ich bin gegen einen Teich, weil kleine Kinder hineinfallen könnten.

Seite 9

4 a. *blau unterstrichen:*
Ein Teich mit Wasserpflanzen verschönert unseren Schulgarten.
Wir können Frösche im Teich beobachten. Das macht Spaß.
Wir können Wasserproben entnehmen und im Biologieunterricht untersuchen.

4 b. *rot unterstrichen:*
Wahrscheinlich landet jede Menge Müll im Teich.
Im Stadtpark gibt es einen schönen Teich.
Es ist viel zu schwierig, einen Teich anzulegen.

5 *Beispiel für eine Lösung:*

für einen Schulteich	gegen einen Schulteich
– man kann am Teich sitzen und träumen	– stinkt
– kühlt im Sommer	– Mücken vermehren sich im Teich

6 *Beispiel für Lösungen:*
Ich bin gegen einen Schulteich, weil wahrscheinlich jede Menge Müll im Teich landet. Außerdem finde ich einen Teich nicht gut, weil es im Stadtpark schon einen schönen Teich gibt.

Lösungen

Seite 10

7 *Beispiel für Lösungen:*
Ich bin für einen Teich, weil ein Teich mit Wasserpflanzen unseren Schulgarten verschönert.
Außerdem finde ich einen Schulteich gut, weil wir Frösche im Teich beobachten können.

8 a. Und was ist, wenn ein Kind in den Teich fällt?

8 b. *Beispiel für eine Lösung:*
Man könnte vorschreiben, dass die Kleineren nur zusammen mit älteren Schülern zum Teich gehen dürfen.
Man könnte auch einen kleinen Zaun um den Teich setzen. Dann kann kein Kind hineinfallen.

Seite 11

9 *Beispiel für eine Lösung:*

Detmold, den 14.10.2020

Sehr geehrter Herr Schöller!

In der Klasse haben wir über einen Schulteich diskutiert.
Wir wünschen uns, dass im Schulgarten ein Teich angelegt wird.
Wir sind für einen Schulteich, weil er mit seinen Wasserpflanzen unseren Schulgarten verschönert.
Außerdem finden wir so einen Teich gut, weil wir dann Frösche beobachten können.
Aber einige Schüler machen sich Sorgen, dass vielleicht ein Kind in den Teich fallen könnte.
Unser Vorschlag ist: Man könnte doch einen kleinen Zaun um den Teich setzen. Dann kann kein Kind hineinfallen.
Wir würden uns freuen, wenn wir Sie überzeugen konnten.

Mit freundlichen Grüßen
Ihre Klasse 6c

Seite 12

1 Ich bin für (Zeile 1); Meiner Meinung nach … überflüssig (Zeilen 3–4); Ich finde die Idee gut (Zeile 8); Ich bin auch dafür (Zeile 9); keine so gute Idee (Zeile 15); Ich bin auch dagegen (Zeile 16)

2 a. *blau unterstrichen:*
macht bestimmt Spaß; Würmer liefern Komposterde; Bioabfall dann wiederverwerten; alle Klassen etwas dazu beitragen; Würmer beobachten können

2 b. *rot unterstrichen:*
schon genug Arbeit; schaffen es bestimmt nicht, den Würmern regelmäßig Futter zu bringen; keine falschen Abfälle; unhygienisch

3 *Beispiel für Lösungen:*
Ich bin für eine Wurmkiste, weil die Würmer Dünger für unsere Pflanzen liefern.
Ich bin gegen eine Wurmkiste, denn Würmer sind unhygienisch.

Seite 13

4 und **5** *Beispiel für eine Lösung:*

Argumente für die Wurmkiste	Wichtigkeit
– Es macht Spaß, die Kiste zu bauen und die Würmer hineinzusetzen.	3
– Die Würmer liefern Komposterde, also Dünger für Pflanzen.	2
– Wir können unseren Bioabfall wiederverwerten.	1
– Alle Klassen können etwas beitragen, indem sie Bioabfälle sammeln.	
– Wir können ein Plakat gestalten, damit andere Klassen die Wurmkisten nachbauen können.	

6 *Beispiel für eine Lösung:*
Wir finden eine Wurmkiste gut, weil es Spaß macht, die Kiste zu bauen und die Würmer hineinzusetzen. Außerdem liefern Würmer Komposterde. Vor allem können wir dann unseren Bioabfall wiederverwerten.

7 nicht genug Futter, falsche Abfälle, Schimmel

8 *Beispiel für eine Lösung:*
Flyer, Aufruf in der Schülerzeitung zum Futtersammeln, Plakat mit Hinweisen zum Müll

Seite 14

9 *Beispiel für eine Lösung:*

Aachen, den 14.10.2020

Sehr geehrter Herr Lenz,

die Schulgarten-AG möchte gerne eine Wurmkiste für Bioabfälle anlegen.
Wir finden eine Wurmkiste gut, weil es Spaß macht, die Kiste zu bauen und die Würmer hineinzusetzen.
Außerdem liefern Würmer Komposterde, also guten Dünger für unsere Pflanzen im Schulgarten.
Und vor allem können wir dann unseren Bioabfall wiederverwerten.
Es darf aber nur der richtige Biomüll in die Wurmkiste. Wir wollen deshalb für alle Klassen einen Flyer mit Informationen und ein Plakat gestalten.
Wir würden uns freuen, wenn Sie eine Wurmkiste genehmigen.

Mit freundlichen Grüßen
Ihre Schulgarten-AG

Seite 16

1 c. 1 – den Arbeitsplatz vorbereiten;
2 – die Tapeten zuschneiden; 3 – die Tapeten einkleistern; 4 – die Wände tapezieren

2 ☒ der Tapeziertisch ☒ die Tapete
☒ die Tapezierbürste ☒ die Leiter

Seite 17

3 vorbereiten – wir bereiteten vor
zuschneiden – er schnitt zu
einkleistern – ich kleisterte ein
tapezieren – wir tapezierten

4

Zuerst bereiteten wir	mit der Bürste die Tapeten ein.
Dann schnitt Herr Demir	die Wände.
Danach kleisterte ich	den Arbeitsplatz vor.
Am Ende tapezierten wir	die Tapetenbahnen zu.

5 Ein Tag als Malerin und Lackiererin
Meinen Girls'Day verbrachte ich mit dem Malermeister Herrn Demir. Am Morgen fuhren wir zu einem Kunden. Es gab viel zu tun. Zuerst bereiteten wir den Arbeitsplatz vor. Dann schnitt Herr Demir die Tapetenbahnen zu. Danach kleisterte ich mit der Bürste die Tapeten ein. Am Ende tapezierten wir die Wände.
Der Tag hat mir gut gefallen. Im nächsten Jahr möchte ich noch einen anderen Beruf kennenlernen.

Seite 18

1 b. 2 – die Papageien füttern; 4 – ein Spielzeug zusammenbauen; 6 – eine Feder aufsammeln; 3 – den Boden harken; 1 – die Futternäpfe vorbereiten; 5 – der Tierärztin helfen

2 Ich berichte für die Homepage der Schule.

Seite 19

3 1. die Futternäpfe vorbereiten
2. die Papageien füttern
3. den Boden harken
4. ein Spielzeug zusammenbauen
5. der Tierärztin helfen
6. eine Feder aufsammeln

4 1. Ich bereitete die Futternäpfe vor.
2. Ich fütterte die Papageien.
3. Ich harkte den Boden.
4. Ich baute ein Spielzeug zusammen.
5. Ich half der Tierärztin.
6. Ich sammelte eine Feder auf.

5 ~~Ich dachte: „Oh nein, langweilige Vögel!"~~
~~Die Kiwis sahen lecker aus.~~

Seite 20

6 Am 28.03.2019 nahm ich am Boys'Day teil. Ich war im Zoo Neustadt. Meine Arbeit begann um 7:00 Uhr.

Seite 20/21

7, **8**, **9** und **10** *Beispiel für eine Lösung:*
Ein Tag bei den Papageien
Am 28.03.2019 nahm ich am Boys'Day teil. Ich war im Zoo Neustadt. Meine Arbeit begann um 7:00 Uhr. Ich begleitete die Tierpflegerin Frau Goll zu den Papageien. Zuerst bereitete ich die Futternäpfe vor. Dann fütterte ich die Vögel. Danach harkte ich den Sand unter den Papageien. Mittags baute ich einen Futterring für die klugen Vögel. Später half ich der Tierärztin beim Schneiden der Krallen. Ich musste den Papagei festhalten. Zum Schluss hob ich eine schöne Feder vom Boden auf. Mir gefiel der Tag sehr gut, denn ich kümmere mich gern um Tiere.

Seite 22

1 Zuerst kontrollierte Jette an einem Pkw die Lichtanlage. Anschließend reichte sie einer Auszubildenden Werkzeug an. Nach einer Probefahrt zur Mittagszeit spritzte Jette einen Pkw mit einem Hochdruckreiniger ab. Danach füllte sie Scheibenreiniger in die Scheibenwaschanlage. Zuletzt fegte sie die Werkstatt.

Seite 23

2 a. (Zeile 3) ~~mit coolem Style~~; (Zeile 12) ~~Aber Mia hat es echt drauf~~; (Zeilen 13–14) ~~Das Wetter war super! Dabei hat mir Mia alles Mögliche erzählt~~; (Zeile 22) ~~Das war nicht mein Ding.~~

2 b. *Beispiel für Lösungen:*
Der Pkw sollte für den Verkauf überprüft werden.
Mia weiß viel über Technik.
Das gefiel mir nicht.

3 a. bis c.

Verben im Perfekt	Verben im Präteritum
haben kontrolliert	kontrollierten
habe angereicht	reichte an
habe abgespritzt	spritzte ab
habe gemacht	machte
ist gewesen	war
habe gearbeitet	arbeitete
hat gezeigt	zeigte
habe geholfen	half

4 Ich reichte Mia das Werkzeug, sodass sie die Schrauben damit festziehen konnte.
Ich fegte die Werkstatt, weil es dort ganz schön staubig war.

Lösungen

Seite 24

5 bis **8** *Beispiel für eine Lösung:*
(Überschrift) Werkzeuge und eine Probefahrt: Mein Tag im Kfz-Betrieb
(Wann? Wo?) Vor drei Tagen, am 28. März, habe ich im Rahmen des Girls'Day im Kfz-Betrieb Löwe gearbeitet.
(Was?) Zuerst zeigte mir Mia, eine Auszubildende, einen gebrauchten Pkw, der für den Verkauf überprüft werden sollte. Anschließend half ich ihr bei der Kontrolle und der Reinigung des Wagens. Mia schaltete die Beleuchtung ein und ich sagte ihr, welche Lampen funktionierten und welche nicht. Danach reichte ich ihr das Werkzeug, damit sie die Schrauben an den Rädern prüfen und festziehen konnte. Gegen Mittag machten wir eine kleine Probefahrt. Später spritzte ich den Pkw mit einem Hochdruckreiniger von außen ab. Schließlich zeigte mir Mia an einem anderen Auto, wie man Scheibenreiniger in die Scheibenwaschanlage füllt. Zuletzt fegte ich noch die Werkstatt, weil es staubig war.
(Wie?) Der Tag ging sehr schnell vorbei und mir gefiel es, in der Werkstatt zu helfen.

Seite 26

1 ☒ eine Toilette ☒ einen Schlafsack

2 *Beispiel für eine Lösung:*
In dem Sachtext geht es um Schwerelosigkeit im Weltall und wie die Menschen damit zurechtkommen.

Seite 27

3 (2) Schwerelosigkeit, festschnallen, wenn sie schlafen, Schlafsäcke, befestigt
(3) Toilettengang, schnallen sich fest, keine Wasserspülung, abgesaugt

4 a. Die Astronauten müssen sich beim Schlafen und auf der Toilette festschnallen. Ohne eine Befestigung würden die Astronauten und alle Dinge auf der Raumstation herumfliegen.

4 b. ☒ wie ein Sauger

Seite 28

1 ☒ rasieren ☒ Haare waschen ☒ Zähne putzen

2 *Beispiel für eine Lösung:*
In dem Sachtext geht es um die Körperpflege von Astronauten.

Seite 29

3 Der Sachtext *Körperpflege im Weltall* hat vier Abschnitte.

4 c. *Beispiel für Schlüsselwörter:*
Rasieren, Haare nicht herumfliegen, mit Absaug-Schlauch, etwas Wasser, Rasiercreme, Tuch abwischen

Seite 30

5 Abschnitt 1: *Flüssigkeiten in der Schwerelosigkeit*; Abschnitt 2: *Waschen fast ohne Wasser*; Abschnitt 3: *Zähne putzen im All*; Abschnitt 4: *Rasieren im All*

6 *Beispiel für eine Lösung:*
In dem Text geht es tatsächlich um die Körperpflege von Astronauten im Weltall.

7 a. ☒ Die Wassertropfen schweben wegen der Schwerelosigkeit herum.
☒ Alle Flüssigkeiten müssen in Behältern verschlossen werden.

7 b. *Beispiel für eine Lösung:*
Sie reinigen ihren Körper → mit feuchten Waschlappen.
Sie waschen ihre Haare → mit Trockenshampoo.
Sie putzen sich ihre Zähne → mit essbarer Zahnpasta.
Sie rasieren sich → mit klebriger Rasiercreme.
Sie waschen sich → ohne fließendes Wasser.

7 c. Gebrauchte Waschlappen und Handtücher werden entsorgt, also weggeschmissen. Sie kommen mit dem ganzen Müll in einen Raumtransporter, der auf dem Weg zur Erde verglüht.

Seite 31

7 d. *Beispiel für eine Lösung:*
Wir auf der Erde spucken den Zahnpasta-Schaum aus und spülen den Mund mit Wasser. Aber auf der Raumstation im Weltall benutzen die Astronauten essbare Zahnpasta und schlucken sie nach dem Putzen einfach herunter.

7 e. *Beispiel für eine Lösung:*
Die Astronauten brauchen beim Rasieren einen Absaug-Schlauch, damit die Haare nicht in der Raumstation herumfliegen. Die abgeschnittenen Haare werden damit sofort abgesaugt.

8 *Beispiel für eine Lösung:*
Was man bei Schwerelosigkeit tun sollte:
– Flüssigkeiten in verschlossenen Behältern aufbewahren
– Wasser sparsam benutzen
– Haare mit Trockenshampoo waschen
– Körper und Gesicht mit feuchten Waschtüchern reinigen
– Zähne mit essbarer Zahnpasta putzen
– Beim Rasieren immer den Absaug-Schlauch benutzen
– Tücher und Lappen im Müllbehälter entsorgen

Seite 32

1 b. *Beispiel für eine Lösung:*
Leben der Astronauten im All

Seite 33

3
- Speisen im All sind gefriergetrocknet
- Nahrung kann aufgrund der Schwerelosigkeit schweben
- Nahrungsreste dürfen nicht in die Geräte gelangen, da ansonsten Schäden entstehen können

4 (1) Die Versorgung der Raumstation
(2) Die Zubereitung der Nahrung
(3) Die Nahrung der Astronauten

5 *Beispiel für eine Lösung:*
(1) Die Versorgung der Astronauten im All mit Nahrung ist kompliziert und muss gut geplant werden.
(2) Die Nahrung der Astronauten unterscheidet sich kaum noch von der Nahrung auf der Erde, aber sie muss anders zubereitet werden.
(3) Die Nahrung der Astronauten muss viel stärker gewürzt werden als auf der Erde, da sie im All anders schmeckt.

Seite 34

6 a. 1) 330–435 km
2) Transporter starten alle paar Monate ins All und bringen die Lebensmittel.
3) Astronauten essen ähnliche Speisen wie wir auf der Erde, nur die Zubereitung ist anders.
4) Die Nahrung muss zunächst mit Wasser erhitzt werden. Da sie in der Schwerelosigkeit schwebt, muss man beim Essen sehr aufpassen. Lebensmittelreste können die Geräte beschädigen.

6 b. *Beispiel für Lösungen:*
Wie viel Kilogramm Güter braucht ein Astronaut am Tag? → ca. 15 Kilogramm
Warum wird den Lebensmitteln für die Astronauten auf der Erde Wasser entzogen? → Damit sie leichter sind und besser ins All transportiert werden können.

7 a., b.
1) ISS (Zeile 3): Internationale Raumstation; Ort, an dem die Astronauten im All leben
2) Transporter (Zeile 7): eine Rakete oder Ähnliches, die Nahrung und andere Güter zur ISS bringt
3) gefriergetrocknet (Zeile 18): Nahrung wird Wasser entzogen, damit sie leichter wird und man sie besser ins All transportieren kann.

Seite 36

1 b. der Frosch: zart, klein, dünn
der Ochse: kräftig, stark, dick

3 ☒ Er möchte so groß und stark sein wie der Ochse.

Seite 37

4 Der Frosch pumpt sich mit Luft voll.
Er bläst sich auf, bis er platzt.

5 (Zeilen 4–6) Einer der Frösche beobachtete den Ochsen. Er ärgerte sich: „Warum kann ich nicht so groß sein wie der Ochse? Denn schließlich kann ich mich aufblasen!"
(Zeile 8) „Bin ich so groß wie der Ochse?"
(Zeilen 9–10) Die Frösche riefen: „Nein, du bist nur ein kleiner Frosch, der zu viel Luft im Bauch hat!"
(Zeile 13) „Bin ich nun so groß und stark wie der Ochse?"
(Zeilen 14–16) „Gib dir keine Mühe. Auch wenn du aufgeblasen bist, erreichst du niemals die Größe eines Ochsen."

6 Der Frosch beobachtet den Ochsen und *ärgert sich.*
Er *hofft*, dass er so groß wie ein Ochse werden kann.
Er bläst sich immer weiter auf, obwohl die anderen Frösche ihn *auslachen.*

7 *Beispiel für eine Lösung:*
Ich finde den Frosch dickköpfig, weil er nicht auf die anderen Frösche hört.

8 ☒ Überschätze dich nicht!
☒ Übertreibe nicht!

Seite 38

1 b. Der Frosch ist wütend, ☒ weil der Storch ihn fressen will.

2 der Frosch: quakte wütend, klagte jämmerlich
der Storch: sprach ruhig, fragte selbstsicher, brummte zufrieden

Seite 39

3

der Storch	der Frosch
schlau	verzweifelt
herzlos	ratlos
überheblich	ängstlich
selbstsicher	jämmerlich

4 a. Storch und Frosch begegnen sich auf der Wiese. Der Frosch hat gerade nach einer Mücke geschnappt.

4 b. Der Storch packt den Frosch mit seinem Schnabel. Der Frosch bettelt um sein Leben.

4 c. Der Storch frisst den Frosch.

5 *Beispiel für eine Lösung:*
☒ Der Stärkere frisst den Schwächeren.

Seite 40

6 Die Fabel handelt von einem Hasen und einem Fuchs.

Lösungen

7 a. die Ausgangssituation:
es ist heiß, der Hase läuft über ein Feld, er hat Durst, er sieht einen Brunnen

7 b. die Handlung:
der Hase schaut in den Brunnen, springt hinunter, er trinkt Wasser

7 c. die Gegenhandlung:
der Fuchs spricht den Hasen an, der Hase ist ratlos, weiß nicht, wie er aus dem Brunnen kommen kann, er könnte den Fuchs um Hilfe bitten

8 *Beispiel für eine Lösung*:
☒ *eigene Idee:* Der Fuchs hilft dem Hasen aus dem Brunnen, nur um ihn dann zu fressen.

Seite 41

9 *Beispiel für eine Lösung:*
Der Hase im Brunnen
Ein Hase lief an einem schönen Sommertag über ein Feld. Er hatte großen Durst, als er in der Ferne einen Brunnen sah. Er lief eilig zum Brunnen. Unten im Brunnen konnte der Hase eine Pfütze erkennen. Glücklich sprang er hinunter, um seinen Durst zu stillen. Nach einer Weile erschien am Brunnenrand ein Fuchs. Der Fuchs rief: „Das war dumm von dir. Du hast nicht überlegt, wie du wieder aus dem Brunnen kommst." Da erkannte der Hase, dass er im Brunnen festsaß. Der Fuchs verschwand und kam mit einem Seil zurück.

10 ☒ Mache nichts, ohne über die Folgen nachzudenken.

Seite 42

1 b. *Beispiel für eine Lösung:*
Es geht um die beiden Tiere Pferd und Esel, die in einen Konflikt geraten.

2 Pferd und Esel bekommen vom Kaufmann die gleiche Menge an Last zu tragen.

3 Das Pferd bedauert, dem Esel nicht geholfen zu haben.

4 *Beispiel für eine Lösung:*
Oh nein, was ist denn jetzt passiert? Das war wohl doch zu viel Last für den Esel. Hätte ich ihm doch etwas abnehmen müssen? Vielleicht muss ich jetzt die gesamte Last alleine tragen.

Seite 43

5 der Esel: schwach, erschöpft
das Pferd: stark, hartherzig, stur, egoistisch

6 a., b.
Die Ausgangssituation (Zeilen 1–4):
Kaufmann hat schwere Lasten zu transportieren, er teilt sie auf, je zur Hälfte Esel und Pferd, heißer Tag

Die Handlung (Zeilen 4–6):
„Du bist viel stärker als ich. Nimm mir bitte etwas meiner Last ab, sonst schaffe ich den Weg nicht mehr weiter."

Die Gegenhandlung (Zeilen 6–7):
„Das ist nicht mein Problem. Ich trage nicht mehr."

Das Ergebnis (Zeilen 8–13):
Esel bricht zusammen, Kaufmann lädt alles auf das Pferd

7 Zwei Lehren sind passend:
☒ Wenn man rechtzeitig hilft, kann man oft Schaden abwenden.
☒ Ein jeder trage des andern Last.

Seite 44

8 und **9**
Die Ausgangssituation: Dach eines Hauses brennt. Der Hahn schaut vom Nachbarhaus aus zu.
Die Handlung: Die Henne löscht das Feuer. Der Hahn hilft nicht.
Die Gegenhandlung: Das Feuer greift auf das Dach des Hahns über. Das Huhn schaut zu.
Das Ergebnis: Der Hahn muss aus seinem Haus fliehen.

10 *Beispiel für eine Lösung:*
Vom Huhn und Hahn
Huhn und Hahn lebten friedlich Haus an Haus. Eines Tages brach im Haus des Huhns ein Feuer aus. Schnell bemühte sich das Huhn, das Feuer mit mehreren Eimern Wasser zu löschen. Der Hahn schaute aus seinem Fenster hinüber. „Willst du mir nicht helfen, das Feuer zu löschen?", ereiferte sich das Huhn. Der Hahn aber entgegnete: „Du schaffst das schon. Außerdem bin ich hier der Hahn und du das Huhn!" „Na, vielen Dank für deine Hilfe!", antwortete das Huhn spöttisch.
Nachdem das Feuer fast gelöscht war, bemerkte der Hahn, dass das Feuer nun auf sein eigenes Haus übergriff. Panisch schrie der Hahn dem Huhn zu: „Willst du mir nicht helfen, das Feuer zu löschen?" Das Huhn jedoch antwortete: „Jetzt habe ich all meine Kraft für die Rettung meines eigenen Hauses verbraucht und kann dir leider nicht helfen." Dem Hahn blieb nichts anderes übrig, als aus seinem Haus zu fliehen. Zu spät erkannte er, dass einer des anderen Hilfe bedarf.

Seite 46

1 Der Stein

2 b. Vers 2: Von einem hohen Berg herunter
Vers 3: Und als es durch den Schnee so rollte
Vers 9: Dann rollte er ins Meer hinein

3 ☒ Der Stein freut sich, einmal groß und kraftvoll zu sein.

4 Das Gedicht *Der Stein* hat fünf Strophen. Jede Strophe hat zwei Verse.

Seite 47

5 1. Strophe: Der Stein rollt einen Berg hinunter.
2. Strophe: Der Stein rollt durch den Schnee.
3. Strophe: Der Stein wird groß wie eine Lawine.
4. Strophe: Der Stein zerstört ein Haus und Bäume.
5. Strophe: Der Stein rollt ins Meer und geht unter.

6 b. Vers 5: Da sprach der Stein mit stolzer Miene

6 c. Jetzt bin ich eine Schneelawine.

7 b. munter/herunter, rollte/wollte, Miene/Schneelawine, Haus/aus, hinein/Stein

8 *Beispiel für eine Lösung:*
Das Gedicht wirkt auf mich fröhlich, weil der kleine Stein so viel erlebt.

Seite 48

1 Das Samenkorn

2 b. *Beispiel für eine Lösung:*
die Amsel: hat Mitleid, verschont Samenkorn, Baum wächst, Amsel baut ein Nest im Baum

3 ☒ Die Amsel freut sich, dass sie ihr Nest in einem hohen Baum bauen kann.

Seite 49

4 Das Gedicht *Das Samenkorn* hat fünf Strophen. Jede Strophe hat zwei Verse.

5 1. Strophe: Die Amsel findet ein Samenkorn.
2. Strophe: Aber die Amsel frisst das Samenkorn nicht.
3. Strophe: Das Samenkorn wächst und wächst.
4. Strophe: Aus dem Samenkorn wird ein Baum.
5. Strophe: Die Amsel baut froh ihr Nest in dem Baum.

6 b. Das Korn, das auf der Erde lag, das wuchs und wuchs von Tag zu Tag. Jetzt ist es schon ein hoher Baum.

7 In diesen Versen wird *kurz und dicht* erzählt, wie aus einem Samenkorn ein Baum entsteht.

Seite 50

8 und **9 a.**

Rücken	a		lag	c
zerpicken	a		Tag	c
verschont	b		Baum	d
belohnt	b		Flaum	d
			erbaut	e
			laut	e

9 b. ☒ der Paarreim

10 *Beispiel für eine Lösung:*
Das Gedicht wirkt auf mich heiter und fröhlich, weil die Amsel sich am Ende über den Baum und ihr Nest freut.

Seite 51

11 b. ☒ Die Amsel hat Mitleid mit dem Samenkorn.

12 *Beispiel für eine Lösung:*
Das Samenkorn könnte sagen:
Gute Amsel, bitte friss mich nicht! Wenn du mich verschonst, dann kann aus mir eines Tages ein großer Baum werden.
Die Amsel könnte antworten:
Na gut, kleines Samenkorn, ich lasse dich hier liegen. Ich hoffe aber, dass du schnell wächst!

13 *Beispiel für eine Lösung:*
Die Amsel baut sich ein Nest in dem Baum, der aus dem Samenkorn gewachsen ist.

14 *Beispiel für eine Lösung:*
Wie gut, dass ich das Korn nicht fraß,
und lieber etwas anderes aß.
Jetzt hab ich hier ein Nest im Baum,
wie schön ist das, man glaubt es kaum.

Seite 53

1 b. *Beispiel für eine Lösung:*
Es geht um ein Zeitungsblatt, das in Bewegung gerät.

2 a. Das Reimschema lautet: aab ccd eef …

2 b. In dem Gedicht findet man Paarreime und einzelne Verse ohne Reim.

2 c., d.
Das Gedicht mit dem Titel „Das große, kecke Zeitungsblatt" von Josef Guggenmos hat sechs Strophen mit je drei Versen. Die Reimform heißt Paarreim.

3 a. ☒ Das Zeitungsblatt ist lebendig geworden.
☒ Der Wind hat das Zeitungsblatt vor sich hergetrieben.
☒ Der Sprecher versucht, das Zeitungsblatt einzufangen.

3 b. Dem lyrischen Ich begegnet ein Zeitungsblatt, das sich durch die Stadt bewegt. Das Zeitungsblatt bewegt sich erst schnell, dann langsamer und liegt schließlich auf dem Boden. In einer plötzlichen Bewegung schießt dann das Zeitungsblatt in die Luft, als würde es Saltos schlagen, und landet dann wieder. Beim Versuch des lyrischen Ichs, das Zeitungsblatt aufzuheben, entweicht es wieder.

Lösungen

Seite 54

4 a. Im gesamten Gedicht werden die Bewegungen des Zeitungsblatts als menschliche Bewegung beschrieben. Beispiele: „Herab die Straße im Galopp / kam es gelaufen, hopp, hopp, hopp" (Verse 4, 5); „Allmählich wurd es müd." (Vers 7)

4 b. Personifikation

5 ein Pferd: „Herab die Straße im Galopp / kam es gelaufen, hopp, hopp, hopp" (Verse 4, 5)
eine alte Frau: „Es kroch, / es schlurfte nur, es schlich nur noch." (Verse 7, 8)
ein Akrobat / ein Turmspringer: „Dann aber tat das Zeitungsblatt ganz plötzlich einen Sprung." (Verse 11, 12); „Stieg steil empor in kühnem Flug, / wobei es ein paar Saltos schlug, / und landete dann wieder." (Verse 13–15)
ein Hase: „Da saß es nun und duckte sich. / Jetzt krieg' ich dich! – Doch es entwich / mit tausend Purzelbäumen." (Verse 16–18)

6 *Beispiel für eine Lösung:*
Die Stimmung in dem Gedicht ist fröhlich und beschwingt. Das lyrische Ich beobachtet ein Zeitungsblatt, das sich durch die Stadt bewegt, und erfreut sich daran.

7 *Beispiel für eine Lösung:*
Ich habe es geschafft! Du kriegst mich nicht. Jetzt renn ich die Straße herab, immer schneller. Puh, jetzt kann ich nicht mehr und muss eine Pause einlegen. Auf in die Luft. Sieh mal, was ich für Sprünge und Saltos machen kann.

Seite 56

2 ☒ Sie ist eine junge Hexe.
☒ Sie sieht fast normal aus.
☒ Sie lebt auf einer Insel.

3 Lex hat ein grünes und ein braunes Auge.
Lex kann nicht gut hexen. / Lex kann anderen Menschen eine Glatze hexen.

Seite 57

5 Zeile 26: „Ich möchte auch den Prinzen retten", sagte sie.

6 Lex ist genauso alt wie der Prinz.

7 *Beispiel für eine Lösung:*
Die Hexe Lex verhält sich mutig, selbstsicher und ein bisschen frech.

Seite 58

1 Der Zauberer Cornelius kann vermutlich sehr gut rechnen.

2 Er kann eine schwere Aufgabe sehr schnell rechnen. Er kann aus einem Stein Feuer schlagen. Außerdem kann er das Wetter ändern.

3 Zeile 1: Cornelius ist der mächtigste Zauberer der Insel.
Zeile 2: Er ist sehr klug.
Zeile 9: Er war früher Professor an einer Universität.
Zeile 10: Er kann problemlos wie ein Mensch aussehen.

Seite 59

5 *Beispiel für eine Lösung:*
alt, von Leberflecken übersäte Glatze, langer, weißer Bart mit gelblichen Strähnen, Hals wackelt, gewölbte Stirn, seine Knochen knarren, schwerhörig

6 a. Zeilen 23–24: „Den Prinzen zurückzubringen wird die Krönung meines Lebens sein", sagte er.

6 b. ☒ Es ist mir eine große Ehre, den Prinzen zu retten.

Seite 60

7 b. *Beispiel für eine Lösung:*
Wahrscheinlich braucht Cornelius mehrere Zaubersprüche, damit viele verschiedene Monster auftauchen.

Seite 61

9 einäugigen Riesen (Zeile 35), Drachen (Zeile 36), Meerjungfrau (Zeile 38), Ellerfrauen (Zeile 42), Trolle (Zeile 45)

10

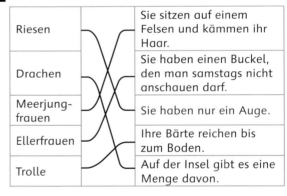

11 *Beispiel für eine Lösung:*

Merkmale	Beispiele
Es kommen Figuren vor, die es in Wirklichkeit nicht gibt.	die Hexe Lex, der Zauberer, Riesen, Drachen, Meerjungfrauen, Ellerfrauen, Trolle
Die Figuren und Wesen haben magische Eigenschaften und Fähigkeiten.	eine Glatze hexen, Monster herbeizaubern, das Wetter ändern
Die Hauptfiguren gehen auf Reisen, lösen Aufgaben oder bestehen Abenteuer.	sollen den Prinzen retten und zu seinen Eltern zurückbringen

Seite 62

1 a., b. *Beispiel für eine Lösung:*
In dem Buch geht es um ein Computerspiel, das Wirklichkeit wird. Alle Erwachsenen verschwinden. Die Hauptfigur Ben und seine Freunde erkennen den Ernst der Lage und versuchen, das Problem zu lösen.

Seite 63

3 a., b Ben spielt mit seinem neuen Computerspiel und ist davon gefesselt. Das wird durch die kursiven Textstellen deutlich, die seine Gedanken und Gefühle während des Spiels zeigen. Im Spiel muss er Hindernisse überwinden. Wenn Ben diese nicht meistert, beginnt das Spiel noch mal von vorne. Deshalb konzentriert er sich darauf, die Hindernisse zu erkennen und zu überwinden.

Seite 64

4 a., b.
Ben will einfach nur ungestört „Stadt der Kinder" spielen. – Es gibt viele kleine, heimtückische Hindernisse.
Ben will die vierte Spielebene erreichen. – Er wird durch das Klingeln an der Tür beim Spielen gestört.
Ben will den Schlüssel zum nächsten Bild finden. – Im Boden lauert eine Falltür.

4 c. Ben empfängt Jennifer nur sehr oberflächlich und rennt sofort wieder zurück zu seinem Computerspiel. Er ist ärgerlich, dass er mitten im Spiel gestört wird und bekommt nur ein kurzes „Hallo" als Begrüßung heraus. Jennifer ist von diesem kühlen Empfang überrascht. Das zeigt sich darin, dass sie mit offenem Mund vor der Haustür stehen bleibt (Zeilen 36–37).

5 a., b. *Beispiel für Lösungen:*
konzentriert: „Zuerst einmal die Straße hoch und in den letzten Laden hineingehen. Also Joystick nach vorn. Achtung vor den Autos." (Zeilen 1–3)
entschlossen: „Entschlossen packte Ben den Joystick." (Zeile 23)
zögernd: „Zögernd schob Ben sich von seinem Sitz." (Zeile 28)
ärgerlich: „‚Ja doch!', rief Ben ärgerlich." (Zeile 34)
unhöflich: „… hechelte ein kurzes ‚Hallo' hinaus auf die Straße und stürzte schnurstracks wieder zurück in sein Zimmer." (Zeilen 35–36)

5 c. *Beispiel für eine Lösung:*
Ben freut sich, dass er das Computerspiel endlich selbst besitzt und zuhause spielen kann. Konzentriert versucht er, sich durch die verschiedenen Level zu spielen. Dabei ist er völlig gefangen in dem Spiel und ärgert sich, als er durch das Klingeln seiner Freundin Jennifer gestört wird. Dementsprechend unhöflich fällt der Empfang aus. Sofort setzt sich Ben wieder an sein Spiel.

6 *fantastische Wesen*: Erwachsener hinter dem Tresen ist ein heimtückischer Zauberer.
Gegenstände werden anders genutzt als in der Wirklichkeit: Blumentöpfe werden zu Hindernissen für Autos und zerspringen in „tausend kleine Lichtpunkte" (Zeile 5).
Hauptfigur besteht Abenteuer: Ben wird durch das Computerspiel in ein Abenteuer gelockt.

7 a. bis c. *Beispiel für eine Lösung:*
Das Spiel und die Wirklichkeit vermischen sich. Die Erwachsenen verschwinden aus der Stadt. Es bricht ein Chaos aus und Ben und seine Freunde versuchen, das Leben neu zu organisieren. Ben muss alle Level des Spiels schaffen, um die Ordnung wieder herzustellen und das alte Leben zurückzugewinnen.

Seite 65

1 und **2**

Lebewesen	Gegenstände	etwas, das wir fühlen oder uns vorstellen
die Blumen	der Kaffeebecher	die Idee
die Frau	das Liederbuch	das Lied
der Junge	der Roller	der Geburtstag
das Kind	die Bank	der Spaß
die Vögel	die Kleidung	der Vormittag

Seite 66

1 An diesem Tag hatte Henry einen Kuchen mitgebracht, weil er Geburtstag hatte. Sie waren ganz leise. Henry durfte sie auspusten. Dann sollten die Kinder und ich ein Lied für Henry aussuchen. Wir sangen: „Zum Geburtstag viel Glück!"

2 a. Henry klatschte und bedankte sich bei allen. Dann verteilte Henry den Kuchen. Später liefen die Kinder in den Garten. Dort spielten die Kinder auf der Kletterburg. Die Erzieherin und ich gingen mit nach draußen, denn die Erzieherin und ich mussten ja auf die Kinder aufpassen.

2 b. Henry klatschte und bedankte sich bei allen. Dann verteilte er den Kuchen. Später liefen die Kinder in den Garten. Dort spielten sie auf der Kletterburg. Die Erzieherin und ich gingen mit nach draußen, denn wir mussten ja auf die Kinder aufpassen.

Seite 67

1 a. Am Nachmittag war es sonnig und warm. Wir sind dann mit den zappeligen Kindern nach draußen gegangen. Die großen Kinder haben übermütig geschrien. Sie sind sofort zu der neuen, bunten Kletterburg gelaufen. Aber ich habe mich um die kleinen Kinder im Sandkasten gekümmert.

Lösungen

1 b. Wie war der Nachmittag? sonnig, warm
Wie waren die Kinder? zappelig, groß, klein
Wie war die Kletterburg? neu, bunt

2 *Beispiel für eine Lösung:*
Die meisten Kinder waren von dem bunten Turm der neuen Kletterburg begeistert. Die kleinen Kinder spielten im Sandkasten mit Wasser. Es gab einen Streit, weil sich zwei Kinder mit dem nassen Sand bewarfen.

Seite 68

1 a. Talina fährt in die Stadt. Der Bus hält an und Talina steigt aus. Es gibt viel zu sehen: Sie sieht die Vögel durch die Luft fliegen. Ein Mann hat einen Hund an der Leine. Die Autos fahren durch die Straßen. Die Ampel ist rot. Talina muss warten. Sie ist mit ihren Gedanken bei dem Geburtstag ihrer Mutter. Sie will ihr ein schönes Geschenk kaufen. Da wird die Freude bei ihrer Mutter hoffentlich groß sein.

1 b. die Stadt – die Städte, der Bus – die Busse, der Vogel – die Vögel, die Luft – die Lüfte, der Mann – die Männer, der Hund – die Hunde, die Leine – die Leinen, das Auto – die Autos, die Straße – die Straßen, die Ampel – die Ampeln, der Gedanke – die Gedanken, der Geburtstag – die Geburtstage, die Mutter – die Mütter, das Geschenk – die Geschenke, die Freude – die Freuden

2 Talina geht in das *große* Geschäft.
Sie sucht die Abteilung mit den *bunten* Kerzen.
Sie nimmt die *blaue* Kerze und geht an die *nächste* Kasse. Sie bezahlt und geht mit *eiligen* Schritten zurück zur Bushaltestelle.

Seite 69

1 mutig, friedlich, geizig, langweilig, herzlich, freundlich, hungrig, königlich, ruhig, absichtlich

2 *Beispiel für Lösungen:*
Das Training war heute langweilig.
Der freundliche Hausmeister repariert den Zaun.
Mutig geht er voran. Sie hat die Vase nicht absichtlich fallen gelassen.

3 a., b.
Mein Hobby ist Reiten. ~~Reiten~~ macht Spaß. →
Mein Hobby ist Reiten. Es macht Spaß.
Meine Freundin geht in den Chor. ~~Meine Freundin~~ singt gerne. → Meine Freundin geht in den Chor. Sie singt gerne.
Unsere Freunde spielen Fußball. ~~Unsere Freunde~~ schießen viele Tore. → Unsere Freunde spielen Fußball. Sie schießen viele Tore.
Meine Freundin und ich gehen gerne zusammen spazieren. ~~Meine Freundin und ich~~ shoppen gerne. → Meine Freundin und ich gehen gerne zusammen spazieren. Wir shoppen gerne.

Seite 70

1 sucht, legt, holt, schreibt, stören, backen

2 liest vor – vorlesen, wiegt ab – abwiegen, schlägt auf – aufschlagen, gibt hinein – hineingeben

3 Fabian und Lara räumen die Küche auf.
Dann laden sie die Eltern zum Kuchenessen ein.

Seite 71

1 a. Wir haben gestern einen Kuchen gebacken. Fabian hat im Internet ein Rezept gefunden. Ich habe die Schokolade in Stückchen gehackt. Dann haben wir alle Zutaten in die Rührschüssel geschüttet. Fabian hat den Teig mit dem Mixer gerührt. Schließlich habe ich den Kuchen in den Ofen gestellt.

1 b. haben gebacken – backen, hat gefunden – finden, habe gehackt – hacken, haben geschüttet – schütten, habe gestellt – stellen

2 Wir haben den Tisch gedeckt.
Dann haben wir Mama und Papa eingeladen.
Ich habe den Kuchen aus dem Ofen geholt.

3 *Beispiel für eine Lösung:*
Der Kuchen hat dann leider nicht so gut geschmeckt.

Seite 72

1 Als ich Kind war, wohnten wir in einem Haus am Stadtrand. Mein Vater arbeitete bei einem Metzger in der Stadt. Meine Mutter kümmerte sich um den Haushalt und die Kinder. Ich hatte drei Schwestern und zwei Brüder. Wir halfen alle zu Hause mit. An Geburtstagen backte meine Mutter Kuchen. Wir deckten den Tisch und stellten eine Kerze in die Mitte.

2 ich spiele: ich spielte, ich lerne: ich lernte, er kauft: er kaufte, sie hört: sie hörte, wir machen: wir machten, wir kochen: wir kochten

3 *Beispiel für Lösungen:*
Wir spielten oft auf der Straße Fußball oder Gummitwist. Am Sonntag machten wir manchmal einen Spaziergang. Mein Vater kaufte dann für alle ein Eis.

4 *Beispiel für eine Lösung:*
Meine Geschwister und ich machten nur Unsinn.

Seite 73

1 Zuerst werde ich die Schule erfolgreich beenden. Danach werde ich mir eine Lehrstelle als Konditor suchen. Vielleicht werden wir Torten über eine App verkaufen. Ich werde mein eigenes Geld verdienen. Später werde ich in einer modernen Wohnung wohnen. Mein Kühlschrank wird alle Lebensmittel automatisch bestellen.

2 *Beispiel für Lösungen:*
Ich werde in einem Baumhaus wohnen.
Paula wird eine Roboter-Schule gründen.
Rafik wird ein Motorrad kaufen.
Wir werden wahrscheinlich nicht auf einer Raumstation im All arbeiten.

Seite 74

1 a. Ömer: Was machst du heute?
Ben: Ich fahre mit meiner Familie in den Wasserpark.
Ömer: Schreib mir mal, wie es dort ist.
Ben: Hallo Ömer, ich schwimme in riesigen Wellen oder treibe mit einer Nudel durch das Wasser. Meine Eltern entspannen unter Palmen oder sitzen im warmen Sprudelbecken. Hier ist alles möglich: planschen, tauchen und springen von verschiedenen Sprungtürmen. Später gehe ich noch mal zu den Rutschen.

1 b. machst, fahre, schreib, schwimme, treibe, entspannen, sitzen, planschen, tauchen, springen, gehe

2 Ben: Ja, ich rutsche gleich. Hoffentlich wartet man nicht so lange. Die Wellenrutsche hat vier Bahnen. Vier Personen rutschen gleichzeitig. In einer Rutsche benutzt man Reifen. In der dunklen Röhre siehst du spezielle Lichteffekte. Du verlierst dabei die Orientierung.

Seite 75

1 a., b.

	hüpfen	lachen	lernen
ich	hüpfte	lachte	lernte
du	hüpftest	lachtest	lerntest
er/sie/es	hüpfte	lachte	lernte
wir	hüpften	lachten	lernten
ihr	hüpftet	lachtet	lerntet
sie	hüpften	lachten	lernten

2 a., b.
ich schlafe – ich schlief – ich habe geschlafen
ich trinke – ich trank – ich habe getrunken
ich esse – ich aß – ich habe gegessen
ich trage – ich trug – ich habe getragen
ich fliege – ich flog – ich bin geflogen
ich springe – ich sprang – ich bin gesprungen
ich fahre – ich fuhr – ich bin gefahren
ich schreibe – ich schrieb – ich habe geschrieben

Seite 76

1 a. Zuerst spielen Leo und Ute Wasserball. Dann spielen sie Federball auf der Wiese. Danach üben sie Handstand und sogar Kopfstand. „Jetzt brauchen wir aber eine Erfrischung", sagt Ute. Ute und Leo bestellen am Eiswagen zwei Eiswaffeln.

1 b. der Wasserball = das Wasser + der Ball
der Federball = die Feder + der Ball
der Handstand = die Hand + der Stand
der Kopfstand = der Kopf + der Stand
der Eiswagen = das Eis + der Wagen
die Eiswaffeln = das Eis + die Waffeln

2 *Beispiel für Lösungen:*
das Sommerfest, der Wasserschlauch,
der Sommerregen, der Wassertropfen,
der Sommerabend, die Sommerkleidung,
das Regenwasser, die Wasserfarben,
das Sommerloch, das Wasserloch

Seite 77

1 a. Lea hängt die Holzzange und die Rohrzange an die Haken. Sven räumt die Holzschrauben und die Metallschrauben in die Holzkiste. Der Steinbohrer und der Holzbohrer kommen in eine Werkzeugkiste.

1 b. das Holz + die Zange → die Holzzange
das Rohr + die Zange → die Rohrzange
das Holz + die Schrauben → die Holzschrauben
das Metall + die Schrauben → die Metallschrauben
das Holz + die Kiste → die Holzkiste
der Stein + der Bohrer → der Steinbohrer
das Holz + der Bohrer → der Holzbohrer
das Werkzeug + die Kiste → die Werkzeugkiste

1 c. Eine Holzzange ist eine Zange aus Holz.
Eine Rohrzange ist eine Zange für Rohre.
Eine Holzschraube ist eine Schraube für Holz.
Eine Metallschraube ist eine Schraube für Metall.
Eine Holzkiste ist eine Kiste aus Holz.
Ein Steinbohrer ist ein Bohrer für Stein.
Ein Holzbohrer ist ein Bohrer für Holz.
Eine Werkzeugkiste ist eine Kiste für Werkzeug.

2 das Wasserrad, der Wasserball, die Wasserbahn, die Wasserrutsche, die Wasserflasche
der Rasenmäher, die Rasenschere, der Rasendünger, der Rasenplatz, der Rasensprenger

3 *Beispiel für Lösungen:*
Ein Wasserball ist ein Ball, mit dem man im Wasser spielen kann. Eine Wasserrutsche ist eine Rutsche, die ins Wasser führt. Eine Rasenschere ist eine Schere, die man zum Schneiden von Rasen benötigt. Ein Rasendünger ist ein Dünger, den man zum Düngen des Rasens einsetzt.

Seite 78

1 Zuerst muss ein Kind mit dem Pedalo losfahren. An der Fahne muss das andere Kind das Pedalo nehmen und schnell zurückfahren. Ich will es einmal vormachen.

2 fallen: abfallen, umfallen, ausfallen
laufen: vorlaufen, auslaufen, ablaufen
nehmen: mitnehmen, abnehmen, zurücknehmen

11

Lösungen

3 Bei Regen muss das Pedalo-Rennen leider ausfallen. Bittet achtet auf die Getränkeflaschen, damit sie nicht auslaufen. Ihr könnt Kuchen kaufen und für zuhause mitnehmen.

Seite 79

1 Die Schülerinnen und Schüler begrüßen die Busfahrerin. Der Motor läuft, endlich kann der Bus abfahren. Während der Fahrt hören die Kinder Musik oder spielen. Bald fährt der Bus in die Einfahrt der Jugendherberge. Die Busfahrerin nimmt das Mikrofon: „Das Fahrtziel ist erreicht. Habt viel Spaß! Wir sehen uns auf der Rückfahrt wieder."

2

Wortfamilie -schreib-	Wortfamilie -lauf-
die Schreibschrift	die Laufschuhe
vorschreiben	weglaufen
das Schreibheft	der Läufer
abschreiben	verlaufen
sie schrieb	die Laufrichtung

Seite 80

1 a. auskommen, hochkommen, loskommen, mitkommen; abholen, ausholen; hochklettern; abgehen, ausgehen, losgehen, hochgehen; ausprobieren

2 Yusuf ruft Lea an: „Ich habe eine neue Kletterausrüstung gekauft. Heute möchte ich dich abholen und mit dir die Ausrüstung ausprobieren. Vielleicht können wir die Kletterwand ganz hochklettern. Möchtest du gerne mitkommen? Dann kann es gleich losgehen."

3 *Beispiel für Lösungen:*
Ich möchte heute Abend ausgehen. Die Treppe kann ich hochgehen.
Die Milch ist ausgelaufen. Der Hund möchte loslaufen.
Ich kann gut mit Kindern auskommen. Willst du mitkommen?

4 a. Sie haben sich zum Klettern verabredet. Zuerst holen sie ihre Kletterausrüstung. Dann wollen sie die erste Kletterwand hochklettern. Lea sagt: „Lass mich vorklettern!" Sven hält das Kletterseil fest. Als Lea oben ist, will Yusuf nachklettern.

Seite 81

1 a. und b.

Was tut der Brillenpinguin?	Der Brillenpinguin taucht durch das Becken.
Was tut das Pinguinpaar?	Das Pinguinpaar sammelt Nistmaterial.
Was tun die Pinguine?	Die Pinguine brüten in den Felshöhlen.

Was tun die Giraffen?	Die Giraffen schreiten über die Wiese.
Was tut die Giraffe?	Die Giraffe zupft Blätter von den Bäumen.
Was tut das Giraffenkalb?	Das Giraffenkalb bleibt bei seiner Mutter.

Seite 82

1 Wer kaut Grasbüschel? Das Schaf kaut Grasbüschel.
Wer mümmelt Möhren? Die Kaninchen mümmeln Möhren.
Wer streitet sich um das Futter? Die Ziegen streiten sich um das Futter.
Wer frisst Heu? Die Ponys fressen Heu.
Was liegt in der Schubkarre? Das Heu liegt in der Schubkarre.

2 Wer soll kein Gras fressen? Die Esel sollen kein Gras fressen.

Seite 83

1 Was fressen die Seelöwen?
Die Seelöwen fressen Fische und Krebse.
Was fressen die Löwen und Tiger?
Die Löwen und Tiger fressen rohes Fleisch.
Was fressen die Schimpansen?
Die Schimpansen fressen Früchte, Kräuter, Nüsse und Insekten.

2 Die Besucher füttern die Seelöwen.
Der Tierpfleger füttert die Löwen und Tiger.
Die Praktikantin füttert die Schimpansen.

Seite 84

1 *Beispiel für Lösungen:*

Wer oder was?	Was tut?	Wen oder was?
Die Tierpflegerin	trainiert	die Seelöwen.
Ein Seelöwe	taucht und holt	den Ball.
Die Kinder	füttern	die Seelöwen und Pinguine.
Karina	filmt	die Kunststücke.
Die Seelöwen	lieben	Fische.

Seite 85

1 a. *Beispiel für Lösungen:*
Tom und Lilli fahren Einrad.
Paul springt Trampolin.
Maja und Gina balancieren über ein Seil.
Ella und Sami jonglieren mit Keulen.
Der Clown Lukas spritzt die Zuschauer nass.
David liegt auf einem Nagelbrett.
Leonie, Sven und Anne bauen eine Pyramide.
Julius holt ein Kaninchen aus dem Hut.
Herr Meier ist der Zirkusdirektor.
Frau Neumann steht hinten am Manegeneingang.

1 b., c. *Beispiel für Lösungen:*

Vorfeld	linkes Verbfeld	Mittelfeld	rechtes Verbfeld
Tom und Lilli	fahren	Einrad.	
Paul	springt	Trampolin.	
Maja und Gina	balancieren	über ein Seil.	
Ella und Sami	jonglieren	mit Keulen.	
Der Clown	spritzt	die Zuschauer	nass.
Herr Meier	ist	der Zirkusdirektor.	
Frau Neumann	steht	hinten am Manegeneingang.	

2 *Beispiel für Lösungen:*
Der Zirkusdirektor ist Herr Meier.
Am Manegeneingang steht Frau Neumann.
Auf einem Nagelbrett liegt David.
Aus dem Hut holt Julius ein Kaninchen.
Über ein Seil balancieren Maja und Gina.

Seite 86

3 a., b.
Wer springt Trampolin? Trampolin springt Paul.
Wer balanciert über das Seil? Über das Seil balancieren Maja und Gina.
Wer fährt mit dem Einrad? Mit dem Einrad fahren Tom und Lilli.

3 c. *Beispiel für eine Lösung:*
Begeistert klatschen die Zuschauer.

4 a., b.
Wem gehört die Spritzpistole? Die Spritzpistole gehört dem Clown.
Wem gehören die Keulen? Die Keulen gehören Ella und Sami.
Wem gehört der Zylinder? Der Zylinder gehört Herrn Meier.

4 c. *Beispiel für eine Lösung:*
Wem gehören die Einräder? Die Einräder gehören Tom und Lilli.

5 Die Akrobaten tragen schwarze Leggings und weiße T-Shirts.
Der Clown bekommt einen karierten Mantel.
Der Zirkusdirektor benötigt einen schwarzen Zylinder.
Frau Neumann trägt eine rote Jacke.

Seite 87

1 a., b.
Wann findet die Aufführung statt? Die Aufführung findet am Freitagabend statt.
Wann beginnt die Aufführung? Die Aufführung beginnt um 18 Uhr.
Wie lange dauert das Programm? Das Programm dauert eine Stunde.

2 a., b.
Wo sitzen Lillis Eltern? Lillis Eltern sitzen auf der Tribüne.
Wohin läuft Frau Neumann? Frau Neumann läuft zur Musiktechnik.

Seite 88

1 Aussagesatz: Wir trainieren heute an fünf Stationen.
Fragesatz: Was machen wir heute?
Ausrufesatz: Super, das macht Spaß!
Aufforderungssatz: Lasst uns anfangen!

2 a. Lasst uns eine Pause machen!
Darf ich etwas trinken?
Ich freue mich auf die Pause.
Aua, mein Fuß tut weh!

Seite 89

1 Der Sponsorenlauf ist sinnvoll, weil er das Tierheim bekannter macht.
Nach dem Lauf bin ich stolz, weil ich etwas Gutes für die Tiere getan habe.
Die Mitarbeiter im Tierheim freuen sich, weil auch andere Menschen an die Tiere denken.

2 Der Werbezettel war gut, weil er über unser Spendenziel informierte.
Die Getränkestationen waren wichtig, weil die Kinder sich beim Laufen erfrischen konnten.
Die Stimmung war super, weil Eltern und Geschwister die Läuferinnen und Läufer angefeuert haben.

3 *Beispiel für Lösungen:*
Wir konnten ziemlich viel Geld für das Tierheim sammeln, weil viele Läuferinnen und Läufer und Sponsoren mitgemacht haben.

Seite 90

1 a., b.
Markierungen: Aussagesätze, Fragesätze und Ausrufe-/Aufforderungssätze
Die 6. Klasse ist auf Klassenfahrt. Sie wohnt in der Jugendherberge. Die Schüler haben sich schon lange darauf gefreut. Elsa fragt: „Was machen wir zuerst?" Die Lehrerin antwortet: „Wenn wir angekommen sind, beziehen wir die Betten." Lisa ruft: „Mir tut der Arm weh! Das ist für mich zu anstrengend! Wer hilft mir dabei?" Elsa antwortet: „Ich kann dir gerne helfen." Lisa ruft: „Du bist die Beste!"

2 a., b.
„Ich bin mutig, **weil** ich vom Turm springe."
„Ich trainiere alle Muskeln, **wenn** ich schwimme."
„Ich finde schwimmen toll, **weil** ich so leicht im Wasser bin."
„Ich mag schwimmen nicht, **weil** ich danach die Haare trocknen muss."

Lösungen

Seite 91

1 der Käse, die Käsereibe, das Salz, die Pilze, die Salami, die Zutaten, einkaufen, ausrollen

2

zwei Silben	drei Silben	vier Silben
schreiben	Gemüse	Einkaufsliste
schneiden	belegen	Mittagessen

Seite 92

1 die Wälder, also: der Wald
die Elefanten, also: der Elefant
die Stirnbänder, also: das Stirnband

die Holzstäbe, also: der Holzstab
die Körbe, also: der Korb
die Diebe, also: der Dieb

die Flugzeuge, also: das Flugzeug
die Anzüge, also: der Anzug
die Könige, also: der König

Seite 93

1 a. und b.
die Tennisbälle → der Ball
die Erkältung → kalt
die Fahrräder → das Rad
färben → die Farbe

1 c. *Beispiel für eine Lösung:*
Wir fahren mit den Fahrrädern zum See.

2 träumen → der Traum
die Verkäuferin → kaufen
die Kräuter → das Kraut
der Läufer → laufen

2 c. *Beispiel für eine Lösung:*
Wir verkaufen Kräuter aus dem Schulgarten.

Seite 94

1 a. bis c.
der Urlau? – die Urlaube, also: der Urlaub
das Sie? – die Siebe, also: das Sieb
das Pfer? – die Pferde, also: das Pferd
der Zwer? – die Zwerge, also: der Zwerg
das Schil? – die Schilder, also: das Schild
die Bur? – die Burgen, also: die Burg

2 *Beispiel für Lösungen:*
der halbe Kuchen, also: halb
der runde Ball, also: rund
der starke Elefant, also: stark
der liebe Hund, also: lieb
der wilde Löwe, also: wild
das schlanke Model, also: schlank

3 *Beispiel für Lösungen:*
schreiben, also: er schreibt
bringen, also: sie bringt
jagen, also: er jagt
werden, also: es wird
schweigen, also: sie schweigt

4 die Räuber, denn: der Raub, rauben
erhält, denn: erhalten
glänzt, denn: der Glanz
bläulich, denn: blau

Seite 95

1 das Würfelspiel, der Spielplatz, mitspielen, er spielte, spielerisch, spielend, das Spielbrett, der Ersatzspieler

2

Wortfamilie -schrift-	Wortfamilie -bad-
die Anschrift, beschriften,	das Schwimmbad
die Handschrift	der Bademeister
schriftlich	er badet, das Schaumbad

3 *Beispiel für Lösungen:*
Du hast eine schöne Handschrift.
In unserem Schwimmbad gibt es einen strengen, aber netten Bademeister.

Seite 96

1 Tomatnsalat
Tom isst am liebsten Tomatensalat.
Bananensft
Cindy trinkt am liebsten Bananensaft.
Anans
Mein Lieblingsobst ist Ananas.

2 die Bilder → das Bild
Henry malt ein schönes Bild.
die Diebe → der Dieb
Der Kommissar soll den Dieb finden.
die Nachmittage → der Nachmittag
Am Nachmittag spielen wir Fußball.

Seite 97

3 das Land → die Länder
Amina möchte in viele Länder reisen.
backen → die Bäckerei
Die Bäckerei ist geöffnet.
sauber → säubern
Wir müssen das Aquarium säubern.

4 b. Lisa fährt in die Ferien.
Die Familie macht einen Winterurlaub.
Am hellblauen Himmel scheint die Sonne.
Auf dem Berg liegt viel Schnee.
Die Bäume sind ganz weiß.

Seite 98

1 a., b.
Nomen: die Farbpalette, der Farbeimer
Verben: färben, verfärben
Adjektive: vielfarbig, einfarbig

1 c. *Nomen*: die Wasserfarbe, die Herbstfarben, die Farbenlehre, die Farbenpracht
Verben: einfärben, umfärben
Adjektive: farbenreich, farbenfreudig, farblich

2 a. einsetzen, absetzen, aufsetzen, aussetzen

2 b. Die Spieler auf der Ersatzbank wurden beim Spiel nicht mehr eingesetzt. Um den Text zu lesen, muss sie sich die Brille aufsetzen. Beim Spiel „Mau-Mau" musste er andauernd aussetzen. Das sieht zu komisch aus! Du solltest den lustigen Hut lieber absetzen.

Seite 99

1 a., b.
Checkpunkt 2: Der <u>Bergführer</u> erklärt der Wandergruppe die heimische Tierwelt.
Checkpunkt 3: Die schwarze Katze <u>läuft</u> über die Straße.
Checkpunkt 5: Wenn der Bus an einer Haltestelle bremst, muss man sich <u>festhalten</u>.

2 a. fährt (Checkpunkt 3: Wörter ableiten)
Strand (Checkpunkt 2: Wörter verlängern)
Gebäude (Checkpunkt 3. Wörter ableiten)
spanische (Checkpunkt 5: Wortfamilien richtig schreiben)

2 b. Anna fährt mit ihren Eltern in die Ferien nach Spanien. Die Familie freut sich auf den Sommerurlaub. Anna ist am liebsten den ganzen Tag am Strand, ihre Mama möchte viele schöne, alte Gebäude besichtigen und durch die vielen kleinen Läden schlendern. Annas Vater freut sich auf das spanische Essen. Alle hoffen auf gutes Wetter.

Seite 100

1 der Traumberuf, die Automechanikerin, der Reifenwechsel, die Radkappen, der Arbeitstag, der Ausbildungsberuf

2 Kim erzählt: „Es war total spannend!"
„Vielleicht wird das einmal dein Ausbildungsberuf", meint die Mutter.

Seite 101

1 a. *Nomen + Nomen*: die Kinderstation, die Bettlaken, die Bettbezüge, die Ketchupflasche, die Wurstscheiben

1 b. *Nomen + Adjektiv*: der Neubau = neu + der Bau, das Frühstück = früh + das Stück, die Kleinkinder = klein + die Kinder, das Graubrot = grau + das Brot, der Kühlschrank = kühl + der Schrank, die Rohkost = roh + die Kost

2 der Kleingarten, das Buntpapier, die Schnellbahn

3 Tarik erzählte: „Ich habe sehr viel gearbeitet."
„Am Nachmittag war ich ganz schön geschafft", sagte Tarik.

Seite 102

1 das <u>S</u>uchen, beim <u>R</u>echerchieren, zum <u>U</u>mblättern

2 das Lesen, beim Lesen, zum Lesen, das Spielen, beim Spielen, zum Spielen, das Essen, beim Essen, zum Essen

3 Tom findet Rekorde <u>spannend</u>, <u>interessant und verrückt</u>.
Das vermutlich größte Buch der Welt ist <u>neun Meter hoch</u>, <u>sieben Meter breit und unheimlich schwer</u>.

4 Tom liest gern Comics, Krimis, fantastische Jugendbücher und Sachbücher über Tiere. Beim Lesen, beim Aufräumen und vor dem Schlafen hört er Musik.

Seite 103

1 Die „Stiftung Lesen" hat die Aktion veranstaltet.

2 <u>das</u> Fahren, <u>zum</u> Fahren, <u>beim</u> Fahren, <u>vom</u> Fahren
<u>das</u> Reden, <u>zum</u> Reden, <u>beim</u> Reden, <u>vom</u> Reden

3 Meine Freundin hat sich <u>beim</u> Lachen fast verschluckt.

4 Beim Schreiben hatten sie gute Ideen, Gedanken und Einfälle.
Doch das <u>Lesen</u>, <u>Schreiben</u>, <u>Blättern</u> oder <u>Vorlesen</u> machte ihnen sehr viel Freude.

Seite 104

1 die, fliegen, die Fantasie, passieren, das Fliegen, viele, die Fliegerei, riesige

2 Wusstest du, / dass die Menschen / immer schon / gerne fliegen wollten? / Früher ging das aber nur / in der Fantasie. / Vor etwa 125 Jahren / wurden die ersten Flugzeuge / gebaut. / Am Anfang / passierten oft Unfälle. / Heute ist das Fliegen / für viele Menschen / selbstverständlich. / Aber so empören sich / immer mehr Menschen: / Die Fliegerei ist auch / eine riesige Umweltbelastung! /

3 Weshalb träumen die Menschen vom Fliegen?
Ein Motto der Piloten lautet: Pass bloß auf!
Die Brüder Wright flogen im Jahr 1903 zum ersten Mal mit ihrem selbst gebauten Flugzeug.

Seite 105

1 Furkan findet gut, dass die Schüler in der Pause miteinander spielen.

2 <u>etwas</u> Schönes, <u>etwas</u> Neues, <u>beim</u> Spielen, <u>nichts</u> Schlimmes

3 etwas Süßes, etwas Neues, etwas Interessantes, etwas Liebes, etwas Gesundes
nichts Süßes, nichts Neues, nichts Interessantes, nichts Liebes, nichts Gutes

15

Lösungen

4 Er erinnert sich, dass an seiner alten Schule in den Pausen meistens nur gechattet wurde.
Er wundert sich nur, dass beim Spielen bisher nichts Schlimmes passiert ist.
Furkan hofft, dass er viel Spannendes lernen kann.

5 Ich weiß, dass ich niemanden an der neuen Schule kenne.
Sie hofft, dass sie rasch eine Freundin findet.
Wir wünschen dir, dass du einen guten Schulstart hast.
Er glaubt, dass er im Fach Sport besonders gut ist.

Seite 106

1 b. verwundert, vermissen, verzweifelt, verhören

2 verbrennen, verraten, verfolgen, verschließen, verändern

3 a. und b.
Als Kommissar Kuno den Tatort sieht, ist er verwundert.
Als ich heute Morgen aus dem Haus ging, lag es noch hier auf der Kommode.

Seite 107

1 Else hatte ein Alibi.

2 verschwinden, erröten, verlassen, erwarten, verwundern, erklären, verspäten

3 ertragen, vertragen, erziehen, verziehen, erlegen, verlegen, ergeben, vergeben, erstellen, verstellen, erlassen, verlassen, erkennen, verkennen

4 a. Als der Kommissar Tochter Else nach dem verschwundenen Armband ihrer Mutter fragte, errötete sie vor Aufregung.
Als ich schließlich ging, war Mutter noch im Haus.

4 b. Emma ging nach Hause, als es anfing zu regnen.

Seite 108

1 b. Klassen, Spielnachmittag, Wetter, Wettspiele, Sporthalle, essen, Kommen

1 c. die Klassen, der Spielnachmittag, das Wetter, die Wettspiele, die Sporthalle, essen, das Kommen

2 Wenn es regnet, finden die Spiele in der Sporthalle statt.

3 *Beispiel für Lösungen:*
Wenn die Ferien beginnen, repariere ich mein Fahrrad. Wenn du willst, helfe ich dir beim Aufräumen.

Seite 109

1 a., b.
Liebe Eltern,
die Klasse 6d möchte im Mai eine Klassenfahrt machen. Die Fahrt ist nicht billig. Daher laden wir Sie zu einem Informationsabend in unser Klassenzimmer ein. Wir stellen Ihnen die Fahrt vor und beantworten interessierte Fragen. Natürlich freuen wir uns auch über eine Aufbesserung unserer Kasse. Die Veranstaltung beginnt am Mittwoch, den 23.03. um 19:00 Uhr. Der Abend wird ein Erfolg, wenn möglichst viele von Ihnen kommen.
Mit freundlichen Grüßen
Ihre Klasse 6d und die Klassenlehrerin

2 a., b.
die Freundin – die Freundinnen, die Verkäuferin – die Verkäuferinnen, die Polizistin – die Polizistinnen, die Ärztin – die Ärztinnen, die Nachbarin – die Nachbarinnen

3 Der Abend wird ein Erfolg, wenn möglichst viele von Ihnen kommen.

Seite 110

1 Waschbecken, Dreck, zudrücken, weggeschickt

2 das Waschbecken, der Dreck, zudrücken, wegschicken

3 Waldhausen, den 01.04.2020
Dienstag, den 19.03.

Seite 111

1 a. bis d.
ck: zerbröckelt – bröckeln, dick, die Stücke, der Rücken – das Rückgrat
tz: plötzlich, verletzt – verletzen, Schulplatz, benutzen – die Benutzung

2 a. Freitag, den 13.12.2019

2 b. Mittwoch, 10.06.2020
Dienstag, 10.03.2020

16